MensSana

Über den Autor:
Erich Bauer, geb. 1942, von der BILD-Zeitung zu Deutschlands »Kultastrologen« erhoben, sagt täglich Millionen Menschen, wie der Mond steht und was er bewirkt. In diesem Buch geht er ins Detail und verrät die günstigsten Zeitpunkte.
Er ist Chefastrologe der weltweit größten Astrologie-Zeitschrift »Astrowoche«, bekannt durch regelmäßige astrologische Beiträge in Zeitschriften, Radio und im Fernsehen und Verfasser zahlreicher Veröffentlichungen über Astrologie und verwandte Themen. Erich Bauer betreibt eine eigene astrologisch-therapeutische Praxis in München und führt astrologische Seminare und Einzelsitzungen durch.

Erich Bauer

Alles über das Sternzeichen

FISCHE

20. 2. – 20. 3.

MensSana

Besuchen Sie uns im Internet: www.knaur.de
Alle Titel aus dem Bereich MensSana finden Sie im Internet unter
www.mens-sana.de

Überarbeitete Neuausgabe November 2010
Knaur Taschenbuch. Ein Unternehmen der Droemerschen Verlagsanstalt
Th. Knaur Nachf. GmbH & Co. KG, München
Copyright © 2010 Knaur Taschenbuch
Alle Rechte vorbehalten. Das Werk darf – auch teilweise –
nur mit Genehmigung des Verlags wiedergegeben werden.
Redaktion: Ralf Lay
Abbildungen: Erich Bauer
Umschlaggestaltung: ZERO Werbeagentur, München
Umschlagabbildung: FinePic®, München
Satz: Wilhelm Vornehm, München
Druck und Bindung: CPI – Clausen & Bosse, Leck
Printed in Germany
ISBN 978-3-426-87524-7

2   4   5   3   1

Fische

20. Februar bis 20. März

DIE FAKTEN

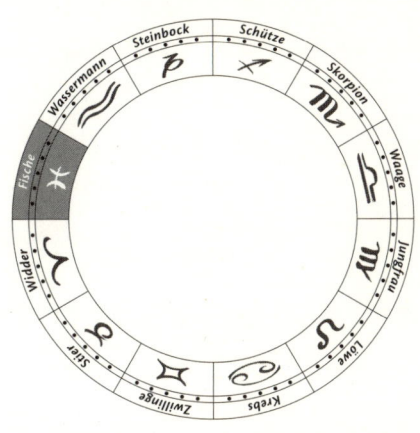

Element *Wasser*
Urstoff allen Lebens und Symbol des Gefühlshaften, das über der Verstandeskraft steht.

Qualität *Beweglich*
Labil, flexibel, sozial, anpassend, versöhnend, aufnehmend, abgebend und auflösend.

Polung *Minus*
Weiblich, Yin, passiv, nach innen gerichtet.

Symbolik *Fische* als »Übergangswesen« zwischen Pflanze und Tier, instinkthaft und egolos.

Zeitqualität
20. Februar bis 20. März
Übergangszeit zwischen Winter und Frühling.

Herrscherplanet *Neptun*
Neptun bzw. Poseidon hieß auch der Gott der Meere.

Stärken

Geheimnisvoll, mitfühlend, intuitiv, sensibel, verständnisvoll

Reiseziele

Stadt Worms, Basel, Rio de Janeiro
Land Iran, Ceylon, Brasilien
Landschaft Küste, Insel

Magische Helfer

Farbe Meerblau
Stein Amethyst
Baum Tollkirsche
Tier Delphin
Duft Kalmus

Die Persönlichkeit

3	Durchsetzung
2	Besitzstreben
2	Kontakt
7	Familie
6	Genuss
6	Pflicht
10	Liebe
3	Bindung
9	Ideale
2	Ehrgeiz
8	Originalität
10	Transzendenz

Inhalt

Teil II – Die ganz persönlichen Eigenschaften

Vorwort

Astrologie ist eine wunderbare Sache
Sie verbindet den Menschen mit dem Himmel, richtet seinen Blick nach oben in die Unendlichkeit. Vielleicht steckt hinter dem Interesse an ihr zutiefst die Sehnsucht nach unserem Ursprung, unserem Zuhause, nach Gott oder wie immer man das Geheimnisvolle, Unbekannte nennen will.

Astrologie ist uralt und trotzdem hochaktuell
Die ersten Zeugnisse einer Sternenkunde liegen Tausende von Jahren zurück. Und dennoch ist sie brandneu. Es scheint, als hätte sie nichts von ihrer Faszination verloren. Natürlich hat sich die Art und Weise astrologischer Beschäftigung verändert. Während früher noch der Astrologe persönlich in den Himmel schaute, studiert er heute seinen Computerbildschirm. Damals konnte man nur von einem Kundigen eingeweiht werden, heute finden sich beinahe in jeder Zeitung astrologische Prognosen.

Astrologie ist populär
Jeder kennt die zwölf Tierkreiszeichen. Man kann eigentlich einen x-beliebigen Menschen auf der Straße ansprechen und ihn nach seiner Meinung fragen: Er weiß fast immer Bescheid, sowohl über sein eigenes Sternzeichen als auch über die meisten anderen. Die zwölf astrologischen Zeichen sind Archetypen, die im Unterbewusstsein ruhen und auf die man jederzeit zurückgreifen kann.

Astrologie schenkt Sicherheit
Der Einzelne findet sich eingebettet in einer gütigen und wohlwollenden Matrix, ist aufgehoben, hat seinen Platz, so wie auch alle anderen ihren Platz haben.

Astrologie kann gefährlich sein

Die Astrologie liefert ein perfektes System. Konstellationen, die sich auf Bruchteile von Sekunden berechnen lassen, blenden und machen glauben, man habe es mit einer exakten Wissenschaft zu tun. Genau das ist aber falsch. Die Astrologie ist viel eher eine Kunst oder eine Philosophie. Ihre Vorhersagen sind immer nur ungefähr, zeigen eine Möglichkeit, sind aber kein Dogma. Astrologen wie Ratsuchende driften, wenn sie nicht achtgeben, leicht in eine Pseudowelt ab. In ihr ist zwar alles in sich stimmig, allein es fehlt am validen Bezug zur Wirklichkeit.

Ich bin Astrologe aus Passion

Ich lebe in dieser Welt, aber ich weiß auch, dass sie nicht alles offenbart. Ich freue mich, die Gestirne als Freunde zu haben, und glaube, dass ich so mein Schicksal gütig stimme. Das ist eine Hoffnung, kein Wissen.

Ich wünsche Ihnen beim Lesen Spaß und Spannung – und dass Sie sich selbst und andere besser verstehen.

Erich Bauer, im Frühjahr 2010

Einleitung:
Eine kurze Geschichte der Astrologie

Am Anfang jeder Geschichte der Astrologie steht das Bild des nächtlichen, mit Sternen übersäten Himmels. Der Mensch früherer Zeiten hat ihn sicher anders erlebt als wir. Er wusste nichts von Lichtjahren und galaktischen Nebeln. Er erschaute das Firmament eher vergleichbar einem Kind. Und als Kind der Frühzeit sah er sich nicht, wie wir heute, als getrennt von diesem Himmel, sondern als eins mit ihm. Er fand sich in allem und fand alles in sich. Und er folgte dem Rhythmus dieses großen Ganzen, ähnlich wie ein Kind seiner Mutter folgt. Dabei fühlte er sich wohl getragen und geborgen.

Wann die Menschheit anfing, sich aus diesem Gefühl der Allverbundenheit zu lösen, ist schwer zu sagen. Die überlieferten Zeichen sind rar und rätselhaft. Aber als der Homo sapiens begann, die Sterne zu deuten, war er dem großen Ozean seit Äonen entstiegen, er sah sich und den Himmel längst als getrennte Einheiten. Doch kam es irgendwann dazu, dass der Mensch Beziehungen zwischen den Sternbildern und dem Leben auf der Erde wiederentdeckte, deren Kenntnis er eigentlich schon immer besaß. Beispielsweise erlebte er, dass ein Krieg ausbrach, während am Himmel ein Komet auftauchte und die normale Ordnung der Sterne störte. Oder er empfand großes Glück, während sich am Firmament zwei besonders helle Lichter trafen. Er begann, solch auffällige Lichter mit Namen zu versehen: »Helios« beispielsweise – oder »Jupiter«, »Mars« oder »Venus«. Er ging sogar dazu über, bestimmte Sterne als Gruppen (Sternbilder) zusammenzufassen und ihnen Namen zu geben, etwa »Widder« oder »Großer Wagen«. Immer wieder beobachtete er typische Gestirnskonstellationen, die parallel zu markanten Ereignissen auf der Erde auftraten. Nach den Gesetzen der Logik entwickelte er aus diesen Zusammenhängen mit der Zeit eine Wissenschaft, die Astrologie, die ihm zum Beispiel die Schlussfolgerung erlaubt, dass auf der Erde Gefahr droht, wenn Mars in das Tierkreiszeichen Skorpion eintritt. So fand der Mensch allmählich seine verlorene Einheit wieder und baute eine Brücke, die ihn mit seinem Urwissen verband, das er im Inneren seiner Seele aber nie wirklich verloren hatte.

Der Ursprung

Die Urheimat der Sternkunde war nach heutigem Erkenntnisstand Mesopotamien, das Land zwischen den Flüssen Euphrat und Tigris, das jetzt »Irak« heißt. Dort war der menschliche Geist wohl am kühnsten und vollzog als Erster endgültig die Trennung zwischen Mensch und Schöpfung. Die Sterne am Himmel bekamen Götternamen, etwa den des Sonnengotts Schamasch und der Göttin Ischtar, die auch als Tochter der Mondgöttin verehrt wurde und die sich als leuchtender Venusstern offenbarte. Da der Mond, die Sonne und einige andere Lichter im Vergleich zu den Fixsternen scheinbar wanderten, nannte man diese Planeten »umherirrende« oder »wilde Schafe« und unterschied sie von den »festgebundenen« oder »zahmen Schafen« – den Fixsternen, die vom Sternbild Orion, dem »guten Hirten«, bewacht wurden. Der größte Planet des Sonnensystems, mit heutigem Namen »Jupiter«, war im Land zwischen den zwei Strömen ein Sinnbild des Schöpfergottes Marduk. Sein Sohn und Begleiter hieß »Nabu« und wurde später zu »Merkur«. Das rötlich funkelnde Gestirn Mars wiederum war die Heimat des Herrn der Waffen, der genauso als Rachegott angesehen wurde. Saturn war ebenfalls bereits entdeckt worden und wurde als eine »müde Sonne« betrachtet. Außerdem galt Saturn als Gott der Gerechtigkeit, Ordnung und Beständigkeit. Gemeinsam mit anderen Göttern erhob sich schließlich der Rat der zwölf Gottheiten, und damit hatten auch die zwölf verschiedenen astrologischen Prinzipien ihren Auftritt. Zu all diesen Erkenntnissen kam man im Zweistromland etwa zwischen dem 7. und 4. vorchristlichen Jahrhundert.

Man hat Tafeln aus dem 2. Jahrhundert vor Christus gefunden, auf denen Beobachtungen über den Lauf von Sonne, Mars und Venus eingezeichnet waren. Auch Zeugnisse von ersten Geburtshoroskopen stammen aus dieser Zeit. Im Jahr 1847 wurden bei den Ruinen von Ninive 25 000 Tontafeln ausgegraben. Man datierte sie ins Jahr 600 vor Christus. Auf einem Teil dieser Tafeln befinden sich Weissagungen, die, mit etwas Zeitgeist aufgefrischt, ohne weiteres der astrologischen Seite einer modernen Tageszeitung entstammen könnten: »Wenn Venus mit ihrem Feuerlicht die Braut des Widders beleuchtet, dessen Schwanz dunkel ist und dessen Hörner hell leuchten, so werden Regen und Hochflut das Land verwüsten.«

Das ist eine »professionelle« astrologische Vorhersage. Damit war Spezialistentum an die Stelle einer ganzheitlichen Naturerfahrung getreten. Denn inzwischen hatte nur der fachkundige Astrologe die Zeit und das Wissen, den Himmel zu studieren, um daraus Rückschlüsse auf die Ereignisse im Weltgeschehen zu ziehen. Bald musste dieser Fachmann auch nicht einmal mehr den Himmel selbst beobachten. Spätestens im 1. Jahrhundert vor Christus gab es Ephemeriden. Das sind Bücher, aus denen die Stellung der Gestirne zu jeder beliebigen Zeit herausgelesen werden kann. Die Astrologie, wie sie auch heute noch betrieben wird, war damit endgültig geboren.

Die Blüte

In den nun folgenden anderthalbtausend Jahren erlebte die Astrologie eine Blütezeit kolossalen Ausmaßes. Dafür steht ein so bedeutender Name wie Claudius Ptolemäus. Er lebte im 2. Jahrhundert nach Christus und vertrat das geozentrische Weltbild mit der Erde im Mittelpunkt, auf das sich die Menschheit nach ihm noch länger als ein Jahrtausend beziehen sollte. Er war Geograph, Mathematiker und ein berühmter Astrologe und Astronom, der das bis in unsere Zeit fast unveränderte Regelwerk der Astrologie verfasste, den *Tetrabiblos*, welcher aus vier Büchern besteht. Darin riet er zu einer sorgfältigen Gesamtschau des Geburtshoroskops. Er erwähnte auch, dass man bei der Beurteilung eines Menschen ebenso dessen Milieu und Erziehung berücksichtigen solle, was einer modernen ganzheitlichen psychologischen Betrachtungsweise entspricht.

Eine spätere Berühmtheit in der Geschichte der Astrologie war Philippus Theophrastus Bombastus von Hohenheim (1493–1541), der sich selbst stolz »Paracelsus« nannte. Er war Arzt, Alchemist sowie Philosoph, und von ihm stammt jener von Astrologen so viel zitierte Satz: »Ein guter Arzt muss immer auch ein guter Astronomus sein.« Dazwischen lebte der Bischof Isidor von Sevilla (560–636). Er schrieb, ein Arzt solle immer auch sternkundig sein. Erwähnt werden muss natürlich die berühmte weibliche Vertreterin einer sternenkundigen Heilkunst, Hildegard von Bingen (1098–1179). Sie war fasziniert von den Analogien zwischen Himmel und Erde, sammelte Kräuter, pflanzte sie im Klostergarten an und schrieb über die Wirkung der Mondphasen. Sicher war die heilige Hildegard nicht der einzige weibliche astrologisch denkende Mensch. Aber ihr Name sei hier stellvertretend genannt für all die Frauen, die als Tempelpriesterinnen, Nonnen und angebliche Hexen ihr ganzheitliches Wissen über die Jahrhunderte hinweg weitergegeben haben.

Bis ins 16. Jahrhundert dauerte die Hoch-Zeit der Astrologie. Beinahe alle angesehenen Denker – wie Platon und Aristoteles im Altertum, Naturwissenschaftler wie Nikolaus Kopernikus (1473–1543), Johannes Kepler (1571–1630) und Galileo Galilei (1564–1624) – dachten astrologisch und berechneten auch Horoskope. Am bekanntesten ist das von Kepler angefertigte Horoskop Wallensteins aus dem Jahr 1608. Die Astrologie wurde an den Universitäten gelehrt, und auch viele Bischöfe und einige Päpste förderten die Sternkunde. Wie es heute selbstverständlich ist, dass ein Naturwissenschaftler Einsteins Relativitätstheorie kennt und versteht, so war damals jeder denkende Kopf in der Astrologie bewandert.

Der Niedergang

Bereits Ende des 16. Jahrhunderts hatte die Astrologie ihren guten Ruf in vielen Ländern Europas verloren. Es gab päpstliche Anordnungen wie die Bulle »Constitutio coeli et terrae« von 1586, in der ein Verbot der Astrologie ausgesprochen wurde, und die meisten Universitäten schafften ihren Lehrstuhl für Astrologie ab.

Worauf war dieser rapide Niedergang zurückzuführen? Es gibt sicher zahlreiche Gründe. Der wichtigste ist, dass sich der menschliche Geist von den Fesseln tradierter Vorstellungen zu befreien begann. Er löste sich mit der Reformation von Rom und später mit der Französischen Revolution von seinen königlichen und kaiserlichen »Göttern«. Da war es nur konsequent, sich auch von den »Göttern am Himmel« loszusagen. Der zweite Grund war der, dass sich im Laufe der Zeit grobe Fehler astrologischer Vorhersagen herumsprachen. So hatte es wohl keine Prophezeiung gegeben, die den Dreißigjährigen Krieg oder die Pest rechtzeitig in den Sternen sah. Der dritte Grund wird häufig von den professionellen Astrologen angeführt. Sie behaupten, dass die falschen Propheten, also die unseriösen Astrologen, der wahrhaften Sterndeutekunst das Aus bescherten. Eine Kunst wie die Astrologie lockt natürlich auch faustische Gestalten an, die davon besessen sind, dem Schicksal einen Schritt voraus zu sein. Solche Schwarmgeister und falsche Propheten haben der Astrologie bestimmt geschadet, besonders auch, weil durch die Erfindung der Buchdruckerkunst jede selbst noch so törichte Prophezeiung in einer hohen Auflage verbreitet werden konnte. Aber den guten Ruf der Astrologie haben letztlich auch sie nicht ruiniert.

Nein, es waren die Astrologen selbst. Als im 16. und 17. Jahrhundert durch immer neue Entdeckungen die Erde ihre zentrale Stellung verlor und sich ein völlig neues naturwissenschaftliches Verständnis durchsetzte, versuchte die Astrologie mitzuhalten und verlor wegen ihrer unhaltbaren Thesen jeden Kredit in den gelehrten Kreisen. Schon Kepler, der seiner Zeit um Jahrzehnte voraus war, hatte die Astrologen gewarnt und ihnen geraten, ihre Kunst nicht auf einen naturwissenschaftlichen, sondern auf einen philosophischen Boden zu stellen. Er sagte, es sei unmöglich, zu denken, dass die Sterne mittels irgendwelcher Strahlungen die menschliche Seele berühren könnten. Er sprach in diesem Zusammenhang von einem astrologischen Instinkt, der im menschlichen Geist verankert sei. Aber sein »psychologischer Ansatz« wurde überhört und ging schließlich völlig unter. Die Astrologen sahen sich im Gegenteil dazu veranlasst, immer hanebüchenere »wissenschaftliche« Thesen aufzustellen. Die Folge war ein gewaltiges Gelächter der gesamten gelehrten Welt im 17. Jahrhundert, das bis heute noch nicht verklungen ist.

Der Neubeginn

Erst im 19. und dann besonders im 20. Jahrhundert besann sich der Mensch wieder vermehrt seiner fernen Vergangenheit. Der Schweizer Psychiater C. G. Jung etwa sagte, dass die Astrologen endlich darangehen müssten, ihre Projektionen, die sie vor Jahrtausenden an den Himmel geworfen hätten, wieder auf die Erde zurückzuholen. In jeder menschlichen Seele seien die Kräfte der astrologischen Archetypen, der archaischen Urbilder, enthalten und dort wirksam. So wird der Raum am Himmel mit den Zeichen und Planeten zu einer Landkarte menschlicher Anschauung. Dabei ist es nicht so, dass zum Beispiel der Planet Mars die Geschicke *bestimmt*, sondern er *zeigt* durch seine Position den Gesetzen der Analogie folgend *auf*, was in der menschlichen Seele vor sich geht.

Nach seiner jahrtausendelangen Reise heraus aus der Allverbundenheit hat der Mensch also begonnen, den Bezug zu seinen Ursprüngen wiederherzustellen. Er besinnt sich als kritischer und freier Geist darauf, was schon immer in ihm vorhanden war. Damit beginnt die Ära einer psychologischen oder philosophischen Astrologie. Und das ist auch die Geburtsstunde einer Astrologie, die ganzheitlich denkt und arbeitet.

In etwa parallel zu dieser allmählichen Hinwendung zur Psychologie und Philosophie übernahmen Computer mit entsprechender Software den komplexen Rechenvorgang zur Erstellung eines Geburtshoroskops. Bis vor vielleicht zehn, zwanzig Jahren gehörte es zum Standardkönnen eines jeden Astrologen, Horoskope zu berechnen und zu zeichnen. Dies ist sehr wahrscheinlich einer der Gründe, warum Frauen unter den Sterndeutern damals deutlich in der Minderzahl waren. Es ist einfach nicht ihr Metier, sich mit trockenen Zahlen und komplizierten Berechnungen herumzuschlagen, wo es doch um seelische Vorgänge geht – und diese Feststellung ist in keiner Weise abwertend gemeint, denn heute sind Frauen unter den Astrologen bei weitem in der Überzahl.

Der PC spuckt nach Eingabe von Name, Geburtsdatum, -ort und -zeit in Sekundenschnelle das Horoskop aus. Die astrologische Kunst scheint jetzt »nur« noch darin zu bestehen, die Konstellationen richtig zu deuten. Und auch hier ersetzt der Computer mehr und mehr den Astrologen. Es gibt schon seit einigen Jahren Programme, die mit entsprechenden Textbausteinen zu bemerkenswert treffenden Aussagen kommen. Ist dies nun das Ende der Sterndeuter? Ich meine: im Gegenteil! Überlassen wir dem »Computer-Astrologen« ruhig die Grundarbeit. Das spart Zeit. Dafür kann der »Mensch-Astrologe« die einzelnen Fakten im Sinne einer ganzheitlichen Schau zusammentragen und sich völlig dem Verständnis der einmaligen, individuellen Persönlichkeit widmen. Ebendafür ist ein großes Maß an Intuition, die ja gerade eine weibliche Stärke ist, mit Sicherheit von Vorteil.

Teil I
Das Tierkreiszeichen

Wichtiges und Grundsätzliches

Die Erde dreht sich bekanntlich einmal im Jahr um die Sonne. Von uns aus gesehen, scheint es aber so zu sein, dass die Sonne eine kreisförmige Bahn um die Erde beschreibt. Der Astrologie wird vielfach vorgeworfen, sie ignoriere diesen grundlegenden Unterschied. In Wirklichkeit ist er für die astrologischen Horoskopdeutungen jedoch nicht von Bedeutung.

Diesen in den Himmel projizierten Kreis nennt man »Ekliptik«. Die Ekliptik wird in zwölf gleich große Abschnitte gegliedert, denen die Namen der zwölf Stern- bzw. Tierkreiszeichen zugeordnet sind. Zwischen dem 20. Februar und dem 20. März durchläuft die Sonne gerade den Abschnitt Fische, weswegen dieses Tierkreiszeichen auch das »Sonnenzeichen« genannt wird.

Beginnen wir jetzt mit der Betrachtung des Sonnen- oder Tierkreiszeichens, dem dieser Band gewidmet ist, um zunächst einmal herauszufinden, was denn nun »typisch Fische« ist.

Wie wird man ein Fisch?

Kinder des Himmels

Wer Anfang Oktober um Mitternacht in den nächtlichen Himmel schaut, entdeckt genau im Süden das große, weit ausgedehnte Sternbild Fische. Es besteht aus einer rhombischen und einer kreisrunden Figur, beide durch eine Sternenkette miteinander verbunden. Während der eine Körper senkrecht nach oben zeigt, entfernt sich der andere mit dem Lauf der Ekliptik nach Westen, so dass der Betrachter den Eindruck gewinnen kann, beide Fische schwömmen am Himmel in verschiedene Richtungen davon.

Oben, unten, rechts oder links: Für die Fische scheint jede Richtung offen. Vielleicht löst auch der Betrachter des Himmels seinen zielgerichteten Blick, bis er ihn ganz verliert und eintaucht in den unendlichen Ozean der Sterne.

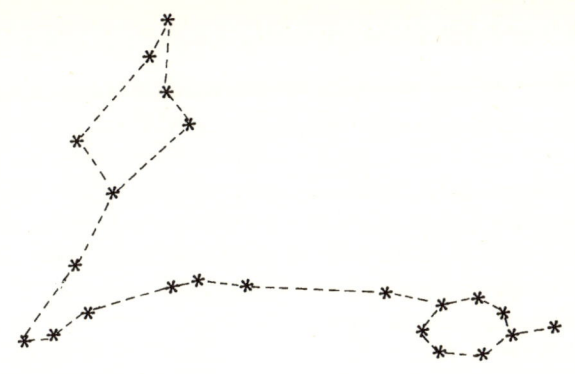

Kinder ihrer Jahreszeit

Irgendwann, in der Zeit zwischen Winter und Frühling, bleibt die Natur stehen, hält den Atem an, schweigt. Es ist nicht die Starre des Winters, die von draußen aus der Kälte kommt, sondern eine Stille, die aus der eigenen Mitte emporwächst. Wieder, wie im Herbst, liegen die Wolken tief über der Erde, verwirren den Blick, und jeder Ton verliert sich in der Unbestimmbarkeit. Wassergüsse vermischen sich mit frisch gefallenem, nassem Schnee. Ihr Schmelzwasser hebt die Flüsse über die Ufer und durchweicht das Land. Der Winter ist vorbei, und der Frühling ist nah. Es gibt nichts zu tun, als zu warten, die Zeit erfüllt sich ganz von selbst.

Es ist nicht Resignation, die die Natur und die Herzen der Menschen berührt, vielmehr ist es ein Erwachen, ein tiefes Erkennen, dass alles Tun, alle Versuche, etwas zu verändern, ja, selbst die Hoffnung vergeblich sind. Noch vor kurzem, zur Zeit des Wassermanns, riss die Natur am Eis, wühlte die Erde auf, und Wasserströme suchten sich neue Wege. Jetzt wird sie von jedem Tun erlöst.

Kinder der Kultur

Auf das wilde Treiben des Karnevals folgt die besinnliche Fastenzeit. Die Menschen verringern absichtlich die Nahrung, schwächen ihren Körper, um sich damit über ihn zu erheben. In manchen Klöstern werden in dieser Zeit Grünspeisen verzehrt, und in vielen Gegenden Deutschlands isst man am Gründonnerstag Salate, die aus den allerersten Kräutern und Pflanzen zubereitet werden, oder kleine weiße Würste, die mit viel Grün angereichert sind.

Auf der einen Seite sollen die vitaminreichen, frischen Kräuter natürlich den Körper über die letzte Winterzeit bringen. Auf der anderen Seite sind das Pflücken und der Verzehr von grünen Pflanzen schon immer ein Fruchtbarkeitsritual gewesen: Der Mensch verbindet sich mit dem Lauf der Natur, die bald einen neuen Zyklus beginnt.

Auch die Sitte, am Palmsonntag grüne Zweige zu pflücken und damit Altäre und Kruzifixe zu schmücken, hat uralte, heidnische Wurzeln: Schon die Germanen kannten diesen Brauch und schützten mit den ersten grünen Zweigen ihr Haus, das Vieh und sich selbst gegen jedes erdenkliche Unheil.

Das Fasten war auch aus einem anderen Grund ein Gebot der Zeit, denn im Februar/März waren die Speicher leer. Gleichzeitig war Fasten mit Reinigung verbunden. Bereits für die Römer war der »Februarius«, der ursprünglich zwölfte Monat des Amtsjahrs, ein Reinigungsmonat (vom lateinischen *februare* = »sühnen, reinigen«). In unserer Zeit raten Heilpraktiker und ganzheitlich orientierte Ärzte ebenfalls Anfang März zu einer Reinigungs- und Fastenkur. Der Körper ist nämlich jetzt – wie die gesamte Natur – sehr zart und empfindlich und sollte nicht durch zu fettreiche Kost überlastet werden.

Während in der Fastenzeit die Nahrungszufuhr eingeschränkt oder sogar ganz unterbunden werden soll, ist man Alkohol gegenüber erstaunlich tolerant. In vielen Klöstern trinkt man Wein oder selbstgebrautes Bier, das besonders alkoholhaltig ist und daher rasch eine berauschende Wirkung hinterlässt. In München auf dem Nockherberg wird Anfang März ein Starkbier angezapft, das so viel Stammwürze besitzt, dass es auch einen Menschen mit vollem Magen ins Land der Träume hebt. Will man in den Klöstern die Qual der Fastenzeit dadurch verringern, dass man wenigstens

»flüssiges Brot« zu sich nehmen darf? Oder suchen die Mönche in der Fischezeit durch Genuss von Alkohol einen Zustand der Ekstase und Visionen? Schon immer war Fasten ein Weg zur tieferen Innenschau. Es ist daher nicht von der Hand zu weisen, dass die Zugabe von Alkohol in der Fastenzeit zu besonders prophetischen und visionären Zuständen verhelfen kann.

Dass der Fischezeit besonders magische und geheimnisvolle Kräfte innewohnen, kann man den verschiedensten Bräuchen entnehmen: Zum Beispiel soll man die Nacht vor Gründonnerstag das Haus nicht verlassen, weil Geister ihr Unwesen treiben. Oder man hält vor Ostern die Kirchenglocken an und verkündet die vollen Stunden durch Holzratschen. Der Lärm soll symbolisch den Aufruhr der Naturgewalten beim Tode Jesu darstellen und war ursprünglich ein Zauber zur Abwehr von Dämonen.

Kinder der Tierwelt

Die Familie der Fische und Fischartigen umfasst einige tausend verschiedene Lebewesen. Es gibt Winzlinge mit einer Körperlänge von weniger als einem Zentimeter und wahre Riesen, die wie der Wal zwar Säugetiere sind, aber umgangssprachlich und symbolisch zu den Fischen gehören. Mit dem astrologischen Wort »Fische« ist also keineswegs ein bestimmter Typ, sondern die schillernde und bunte Vielfalt aller Fische gemeint. Bereits damit wird angedeutet, dass die Inhalte des zwölften Zeichens vielschichtig und nur schwer bestimmbar sind. Das Wort »Fische« ist gleichbedeutend mit Wasser, Fluss, See und der unendlichen Weite der Ozeane.

Fisch ist das Grundnahrungsmittel aller am Meer lebenden Völker, und im Allgemeinen betrachtet man Fische als einfache, unterentwickelte Geschöpfe, die stumm sind und beinahe das Dasein von Pflanzen führen. Erst in unserer Zeit wird von ihrer ungeheuren Intelligenz gesprochen. Besonders »Säugetierfische« wie die Wale und Delphine sind nach Meinung mancher Forscher in vieler Hinsicht dem Menschen weit überlegen.

Fische sind rätselhafte Tiere. Sicher avancierten sie auch aus diesem Grund zum Symbol für viele geheimnisvolle und wundersame Erscheinungen in der Geschichte der Menschheit. So wurden Fruchtbarkeitsgötter als Fische dargestellt, und für viele Religionen gelten Fische als Sinnbild des Todes und der Auferstehung: Der indische Gott Vishnu wurde als Fisch reinkarniert, Jonas wurde von einem Wal an seine Pflichten erinnert, und das früheste Geheimzeichen der Christen war ein Fisch. Der griechische Name der Fische lautet »ICHTHYS«, was den Anfangsbuchstaben eines kurzgefassten Glaubensbekenntnisses entspricht: »*I*esous *CH*ristós *TH*eoú *H*yiós Sotér«, was so viel heißt wie »Jesus Christus (der ›Gesalbte‹), Gottes Sohn, der Retter/Erlöser«. In Verbindung mit dem Abendmahl wurde der Fisch zum Zeichen der eucharistischen Heilsspeise.

»Unbegriffenes« Wesen

Fischemenschen sind wie ihre Zeit, in die sie hineingeboren werden, nämlich unbestimmbar, dieses und jenes, mal so und mal so. Sie lassen sich auch nicht mit einem bestimmten Fischtypus vergleichen. Auf der symbolischen Ebene entspricht ihnen weder der gefürchtete Hai noch der unscheinbare Hering, vielmehr »sind« sie »alle Fische«, wirklich *alle!* Ihr astrologischer Name lautet eigentlich »Fisch*e*« im Plural, nicht im Singular, auch wenn wir im Folgenden des Öfteren von »*dem* Fisch« sprechen werden. Und damit ist gemeint, dass sie ungeheuer vielseitig sind. Wenn es sein muss, können sie kämpfen wie ein Tigerhai. Aber sie verwandeln sich auch gern in einen unscheinbaren Schellfisch. O ja, sie lieben die leuchtenden Farben, kleiden sich manchmal farbenschillernd wie der Papageifisch oder der grellbunte Borstenzähner. Aber genauso gern tragen sie ausgewaschene Bluejeans und ein einfaches Hemd, gleichen dann eher einer unauffälligen Äsche. Oder sie legen überhaupt keinen Wert auf ihr Aussehen.

Noch viel schwerer, als sie äußerlich festzulegen, ist es, ihr Wesen zu beschreiben. Vielen Fischegeborenen fällt es schwer, damit zu leben, dass sie keine »feste Charakterstruktur« haben. Manche versuchen auch, sich diese sozusagen per Dekret zurechtzuschustern. Sie sagen sich vielleicht: »Ich will so und so sein – stark, zuverlässig und vor allem erfolgreich.« Aber derartige Eigenprägungen klappen so gut wie nie. Fischegeborene besitzen also keine klar unterscheidbare Wesensstruktur. Sie haben, so gesehen, auch kein bestimmtes Ego, sind das Viele im Einen oder auch das Eine im Vielen – so wie ja auch der Monat März nicht mehr richtig zum Winter gehört, aber auch noch nicht zum Frühling.

Als Fischemensch scheint man jenseits des Egoismus zu sein. So etwas wie ein »Ich« ist unter diesem Sternzeichen Geborenen offenbar gar nicht in die Wiege gelegt worden. Sie sind nicht dafür gedacht, ihr persönliches Ego zu kultivieren. Man gebe einen Tropfen Wasser ins Meer. Was geschieht? Er löst sich auf! Irgendwo ist der Tropfen das ganze Meer – aber das Meer ist auch der Tropfen. Fischegeborene sind ähnlich! Es ist nur oft so schwierig für sie, zu verstehen, dass sie jemand ganz Bestimmtes sind und dann doch wieder nicht sein sollen. Es ist besonders deswegen schwer zu begreifen, weil unsere Welt so viel Wert auf eine feste und bestimmbare Struktur unserer Eigenschaften legt.

Wie richtige Fische lassen sie sich nicht greifen – und noch weniger *be*greifen. Im Grunde ist dies natürlich nur eine Folge dessen, was schon zuvor gesagt wurde, nämlich dass sie sich gar nicht als definierbares Einzelwesen im herkömmlichen Sinne sehen. Wir nähern uns der gleichen Angelegenheit nur von einer anderen Seite. Sie haben einen Horror davor, »begriffen« zu werden. Ihre ganze Existenz gründet sich darauf, nicht festlegbar, schillernd, »unbegriffen« zu bleiben. Die Vorstellung, man würde sie »begreifen«, macht ihnen regelrecht Angst. Es ist fast so, als wären sie ein »richtiger« Fisch, den man ans trockene Land zu ziehen versuchte.

Fischegeborene entwickeln eine wahre Meisterschaft darin, sich dem »Begreifen« zu entziehen: Einstein war sicher der berühmteste von ihnen. Er war Clown und Philosoph, der bedeutendste Physiker des vergangenen Jahrhunderts und ein Pazifist. Einer meiner Freunde, auch Fisch, ist Sportler (Kanufahrer), Heilpraktiker, Journalist und Spekulant. Ein anderer hat Theologie und Psychologie studiert. Tatsächlich aber lebt er als Privatier, Grünen-Politiker, Tiersitter und Gelegenheitsarbeiter. Einer meiner Klienten ist Musiker, Taxifahrer, Zeitungsausträger und Beleuchter beim Film. So könnte ich fortfahren mit der Aufzählung von Fischemenschen und ihrer Vielseitigkeit – und damit auch ihrer Uneindeutigkeit.

Fische sind Meister der Tarnung. Sie vermeiden und fürchten klare Festlegungen wie die Pest, weil diese das »Begriffenwerden« erleichtern würden.

Die anderen erliegen der Täuschung oder vielmehr einem Missverständnis. Das bekannteste davon ist, dass Angehörige, Partner und Freunde von Fischen glauben, sie müssten den Fisch retten, denn er fühlt sich ja offenbar miss- und unverstanden, signalisiert also eine Not. Natürlich befindet er sich in einer Not, fühlt sich allein, ungeliebt. Aber andererseits – und dieses Aber sollten sich Verwandte von Fischen dick unterstreichen – entspricht das Nicht-verstanden-Werden seiner Natur als Fisch. Ja, er spielt (und kokettiert zuweilen) sogar damit. Denn seine Psyche setzt unbewusst »Verstandenwerden und Begriffensein« mit »Ergriffen- bzw. Festgelegtsein« gleich.

Es ist eine paradoxe Situation: Man möchte dem Fisch helfen und veranlasst ihn dabei nur, sich immer weiter zu entfernen, sich in zunehmend absurdere Widersprüche zu verwickeln. Eigentlich bemüht man sich, dem »armen« Fisch eine goldene Brücke zu bauen, aber in Wirklichkeit reißt man eine nach der anderen ab. Insbesondere Eltern von Fischgeborenen sollten sich damit abfinden, dass ihr Kind stets einen Eigenraum beansprucht, in den es niemanden hineinlässt. Man muss also seinen Fisch »schwimmen« lassen, auch wenn es den Anschein hat, als bräuchte er Hilfe. Er findet sich schon allein wieder zurecht. Denn so, wie richtige Fische sich im Wasser regenerieren, so finden Fischemenschen zu sich, wenn sie in ihren Raum des Nicht-begriffen-Seins tauchen: Es ist ihre Heimat, ihr Reich, sie tanken dort auf und finden sich darin selbst.

»Sechster Sinn« statt Ellbogen

»Fische« ist das letzte Zeichen im astrologischen Tierkreis (Zodiak). Dieser Kreis ist ein Symbol von insgesamt zwölf Abschnitten. Jeder Abschnitt drückt eine andere Seinsweise des Menschen aus. Alle zwölf Zeichen oder Stufen umfassen die Gesamtheit des menschlichen Seins. Dabei folgen die einzelnen Bereiche einander nicht zufällig, sondern entsprechend einer existenziellen Logik. Jeder neue Abschnitt trägt in sich die Essenz der vorangegangenen und erweitert sie um ein neues Prinzip. So trägt das Fischezeichen alle anderen Qualitäten in sich und bereichert sie um eine – seine – Eigenart.

Das Leben entwickelt sich also entlang dem astrologischen Rad. Es beginnt mit dem Widder, dem Tierkreiszeichen, das »Anfang, Ursprung und Lebensimpuls« symbolisiert. Dem Widder folgt der Stier. Das Leben setzt sich fest, breitet sich aus, entwickelt seine Sinnlichkeit und lebt nach Lust und Laune. Dem Stier folgen die Zwillinge. Das Leben wird sozial, entwickelt die Fähigkeit zur Kontaktaufnahme und zum Austausch. Auf die Zwillinge folgt der Krebs; das Leben erhält Tiefe und Fruchtbarkeit. Im folgenden Tierkreiszeichen Löwe verdichtet sich das Leben und bringt die Fähigkeit, selbst Leben zu erzeugen. Dem Löwen folgt die Jungfrau. In ihr keimt die Fähigkeit, sich und die anderen aus einer Distanz heraus zu betrachten, was die Voraussetzung für wirklich gleichberechtigte Begegnungen ist. Diese erfolgt dann im nächsten Abschnitt, dem Waagezeichen. Die Waage symbolisiert zwei Menschen, die trotz ihrer Verschiedenheit zueinanderfinden können.

Mit der Waage beginnt aber auch der Herbst, und der Winter kündigt sich an. Herbst und Winter stehen in der Astrologie symbolisch für über das unmittelbare Leben hinausweisende Belange und Bereiche. Auf der Ebene des Skorpions entwickelt das Leben die Fähigkeit, mit einem übergeordneten größeren Ganzen zu verschmelzen – zum Beispiel in einer Ehe, mit einer Sippe oder einem Volk.

Dem Skorpion folgt der Schütze. Und auf dieser Seinsstufe erwirbt das Leben die Befähigung, über bestehende Grenzen hinauszuschauen und auch über sie hinauszugehen. Eine der fundamentalsten Grenzen ist dabei die zwischen materieller und geistiger Wirklichkeit: Der Schütze ist ein Grenzgänger zwischen diesen Welten.

Dem Schützezeichen folgt der Steinbock. Auf dieser Seinsebene entwickelt das Dasein die Fähigkeit, Lebensäußerungen bestimmten Prinzipien unterzuordnen. Der Steinbock nimmt im astrologischen Kreis die höchste Stellung ein. Mit dem darauffolgenden Tierkreiszeichen Wassermann neigt sich der Kreis wieder seinem Ausgangspunkt zu. Entsprechend »laufen« im Abschnitt Wassermann die Vorbereitungen für ein neues Leben, das durch die vorangegangenen Stadien bereichert wurde und sich weiterentwickelt hat.

Das letzte Zeichen, die Fische, schließlich ist die Stufe, in dem das Leben die Fähigkeit entwickelt, sich selbst zurückzunehmen, um Platz zu machen für eine neue Existenz – für neues Leben. So impliziert das Tierkreiszeichen Fische Begriffe wie »Verzicht«, »freiwilliges Zurücktreten«, »Sich-selbst-nicht-wichtig-Nehmen«, »Sich-selbst-Negieren«, »Nicht-angenommen-Werden«, »Platzmachen«, »Schwinden« und »Verschwinden«.

Fischemenschen haben allesamt mit diesen Eigenschaften zu tun. Sie zeigen das häufig schon in ihrer Erscheinung, etwa indem sie sich unauffällig und nicht nach der Mode oder auch himmelschreiend daneben kleiden. Der Fischegeborene Albert Einstein soll einmal beim offiziellen Empfang ohne Socken aufgetreten sein. Als man ihn fragte, ob er Strümpfe nicht für wichtig erachte, hat er angeblich geantwortet: »Ich nehme mich ja nicht einmal selbst wichtig!«

Waschechte Fische kennen diese geringe Ichbetonung gut: Sie stehen zum Beispiel an einer Bushaltestelle, und es gibt ein Gedränge darum, wer zuerst einsteigen kann: Sie werden sofort zurücktreten und die anderen vorlassen. Oder es gibt Kaffee und Kuchen, dabei sind für, sagen wir, dreizehn Gäste aber nur zwölf Kuchenstücke da. Fische werden (wenn sie nicht gerade einen Stieraszendenten haben) der/die Erste sein, der/die freiwillig verzichtet.

Dieses Zurücktreten aus freien Stücken, das »Sich-selbst-nicht-so-wichtig-Nehmen«, kann manchmal groteske bis tragische Formen annehmen. Grotesk ist es beispielsweise, wenn Fische zuweilen regelrecht misserfolgsprogrammiert sind, das heißt immer dann, wenn sie vor einem Erfolg stehen, (unbewusst) irgendetwas unternehmen, das den Erfolg zunichtemacht. Mir fällt hierzu ein Vertreter aus dem süddeutschen Raum ein, der eine Astrositzung bei mir buchte. Er hatte in Baden-Württemberg sehr erfolgreich ein Vertriebsnetz aufgebaut und stand am Zenit seiner beruflichen Laufbahn. Da suchte seine Firma eines Tages einen Mann für neue

Märkte im Osten. Er meldete sich freiwillig, obwohl die Geschäftsleitung ihm dringend davon abriet, weil er dank seiner Erfolge eigentlich bessere Karriereaussichten hatte. Er bestand trotzdem darauf und erlitt nicht nur einen katastrophalen Schiffbruch, sondern verspielte auch noch jeden Kredit bei seiner Firma.

Tragisch wird es, wenn ein Fisch »freiwillig« in die Sündenbockrolle schlüpft oder sich als »Blitzableiter« anbietet. Einmal kam zum Beispiel ein Klient in meine Praxis, dessen Tochter bei einem Verkehrsunfall gestorben war. Sein Sohn, ein Fisch, befand sich ebenfalls in dem Unfallwagen, überlebte jedoch schwerverletzt. Die ganze Familie litt und trauerte. Der Sohn aber verhielt sich extrem anders, lachte, sang fröhliche Lieder und brachte auf diese Weise bald alle gegen sich auf. In der therapeutischen Analyse kam eindeutig zum Ausdruck, dass der Sohn (unbewusst) in diese Rolle schlüpfte, weil »seine Psyche« davon ausging, dass ein Sündenbock das ganze Geschehen erträglicher machen würde. Er, der Fisch, bot sich dafür an.

Jeder Fisch ist irgendwo ein »Opfer«. Ich kenne viele Fischegeborene, die freiwillig auf ihr Erbe verzichtet haben, obwohl sie der oder die Erstgeborenen waren. Ich weiß von Fischen, die ohne Not ihren Beruf aufgegeben haben, weil eine Kündigungswelle anstand. Manche Fische halten sich unter ihren Geschwistern zurück, machen sich klein und unscheinbar. Andere versagen freiwillig mit ihren Leistungen. Und wieder andere wählen einen Beruf, der dem, was sie eigentlich wollten, absolut entgegengesetzt ist.

Analysiert man den familiären Hintergrund von Fischen, so verbirgt sich hinter jedem ein Drama dergestalt, dass entweder der Betreffende selbst oder bereits seine Eltern nicht wirklich erwünscht waren. Häufiger als bei anderen Tierkreiszeichen sind Fische unehelich geboren oder zumindest gezeugt. Das Fischekind wächst mit dem Gefühl auf, es wäre seine »Schuld«, dass die Eltern geheiratet haben und seinetwegen zusammenbleiben mussten. Es fühlt sich als unerwünschte Last, erlebt sich also nicht als Wunschkind. Aus diesem Gefühl heraus machen sich Fische schon sehr früh auf die Suche nach einem Ersatzvater bzw. einer Ersatzmutter, die sie wirklich wollen und lieben.

Damit sind wir bei der starken Verbundenheit von Fischen mit überpersönlichen, mystischen, kirchlichen und göttlichen Welten. Man könnte sagen, weil sich der Fisch von seinen leiblichen Eltern nicht erwünscht fühlt, sucht er göttliche. Das ist der Grund, warum so viele Fische früher ins Kloster gingen und weshalb sie heute Religionswissenschaft studieren oder von den verschiedensten spirituellen Zirkeln und Sekten angezogen werden. Das soll jetzt aber keineswegs heißen, Glaube sei nichts weiter als eine Reaktion auf mangelnde Elternliebe. Richtiger Glaube ist viel mehr; er beginnt vielleicht damit, aber er lässt derartige psychologische »Erklärungskrücken« schnell weit hinter sich.

Betrachtet man die Tierkreiszeichen einmal als Vertreter bestimmter Berufsgruppen oder Stände, dann wären zum Beispiel die Widder die Krieger und Unternehmer, die Stiere Bauern und Banker, die Zwillinge Boten und Entertainer – bis hinauf zu den Steinböcken, die die Kaste der Beamten vertreten. Wassermänner stellen in dieser »Gesellschaft der Tierkreiszeichen« die Erfinder und Reformatoren dar. Und die Fische sind ohne jeden Zweifel die Priester und Schamanen.

Fische sind Menschen mit einer Verbindung in eine andere Welt, solche, die sich selbst zurücknehmen und für andere da sind, Individuen mit einem Draht zum Göttlichen, Medien, die für andere wirken können. Fische sind allesamt ein Mysterium. Ein Fingerzeig Gottes, als wolle er sagen: »Seht ihr, die Fische sind mir am nächsten, sie sind eine Brücke zwischen mir und allen anderen. Sie sind der Beweis, dass es mich gibt …!«

Das Fischezeichen symbolisiert eine Kraft, die leicht macht. Sie schenkt die Fähigkeit, all das loszulassen, was in einem menschlichen Leben so immens wichtig scheint: Ego, Besitz, Wissen, Familie, Arbeit, Beziehung, Zugehörigkeit und Status. Dies bedeutet nicht automatisch, dass Fischemenschen nicht gern reich wären und kein bequemes Leben liebten. Aber sie hängen weniger stark daran. Wenn es denn sein soll, können sie all dies auch loslassen. »Fische« bedeutet letztendlich ozeanisches Glücksgefühl, Erfüllung, Erleuchtung.

Fische kommen in dieser Welt schlecht zurecht. Es fehlen ihnen einfach die »spitzen Ellbogen« und der Biss, wie sie zum Beispiel Widder- oder Löwegeborenen zur Verfügung stehen. Und auch mit der Motivation ist es nicht allzu weit her: Warum soll man sich abrackern und plagen? Ist der Verlust an Lebensqualität in unserer Erfolgsgesellschaft nicht allemal so groß wie der Gewinn? Nein, nein, das Problem von Fischen ist nicht, dass sie etwas falsch machen könnten, sondern dass sie überhaupt etwas tun, sprich: in die Gänge kommen. Sie ziehen ihre Kraft auch nicht aus der Zugehörigkeit zu einer bestimmten Gruppe oder einem Clan wie zum Beispiel die Skorpione oder die Wassermänner. Von daher fühlt sich jeder Fischegeborene im Eldorado der Tüchtigen wie ein Fisch auf dem Trockenen oder wie ein Außerirdischer auf unserem Planeten. Manche gewinnen dieser Situation eine amüsante Note ab, werden Komiker, beispielsweise die Fische Heinz Rühmann oder Jerry Lewis, andere werden sarkastisch. Einige leiden auch unter ihrer Situation und glauben, sie bräuchten sich nur richtig anzustrengen, um doch noch zu Ruhm und Ehren zu gelangen. Aber das ist der »Fluch« des astrologischen Rads: Man kann nicht zurück auf eine frühere Seinsebene. Nein, das Naturell der Fische selbst, ihr »Stoff«, birgt Mittel und Wege, mit dieser Welt, in die man nun einmal hineingeboren wurde, fertigzuwerden. In der Weise, wie sie sich nämlich damit abfinden, dass ihnen Biss und Durchsetzungsfähigkeit fehlen, entdecken sie eine andere Qualität: ihren »sechsten Sinn«.

Alle Fischegeborenen scheinen hellsichtig und paranormal zu sein sowie prophetische, okkulte, übernatürliche Fähigkeiten zu besitzen. Natürlich heißt dies nicht, dass jeder von ihnen in der Zukunft lesen kann wie in einem Buch. Aber sie verfügen über andere »Organe«, Antennen, mit denen sie Dinge empfangen können, von denen andere keine Ahnung haben.

Das lässt sich durchaus auch erklären, ohne das Übersinnliche herbeizuzitieren. Denn wie gesagt, Fische betreten eine Welt, von der sie annehmen, dass sie ihnen nicht wohlgesinnt ist. Ja, sie bekommen die Botschaft, dass sie nicht richtig erwünscht sind. Sie müssen von daher aus ihrer Sicht heraus außergewöhnliche Instrumente entwickeln, zum Beispiel eine immense Sensibilität. Und zwar deswegen, um die Befindlichkeiten ihrer Umgebung ausloten und richtig interpretieren zu können. Damit sie wenigstens jetzt, da sie nun schon einmal hier sind, so wenig wie möglich auffallen. Um nicht noch mehr Widerstand gegen sich zu mobilisieren. Sie entwickeln also einen »zusätzlichen Sinn«. Von klein auf. Dazu kommt, dass Fische viel mehr als andere Kinder allein gelassen werden. In diesem Raum des »Mit-sich-selbst-Seins« wachsen besondere Fähigkeiten, entsteht die Kunst zu außergewöhnlicher Sinneswahrnehmung.

Das macht sich dann so bemerkbar, dass Fische zur rechten Zeit das Richtige tun. Und zur richtigen Zeit an der richtigen Stelle sind. Unbedarfte Menschen nennen so etwas »Zufall«, wenn ein Fisch just an dem Tag bei einer Agentur anruft, da diese genau seinen »Typ« sucht. Oder wenn er drei Ausbildungsplätze, die er gern hätte, nicht bekommt. Dafür den vierten erhält, den er gerade nicht will. Und hinterher merkt, dass dieser ganz genau das Optimale für ihn war. Ich kenne Lebensschicksale von Fischen, angesichts deren man gar nicht anders kann, als an Mächte zu glauben, die sie führen und genau dorthin bringen, wo sie hingehören. »Es ist«, sagte mir einmal ein Fischegeborener, »als würde mich das Schicksal bei der Hand nehmen und führen!«

Ein derartiges Schicksal ist natürlich viel mächtiger als der Wille eines Menschen, selbst wenn er noch so motiviert und ist und seine »Ellbogen« zu gebrauchen weiß. Von daher mögen Fische annehmen, sie könnten eigentlich »relaxen« und ihrem Schicksal vertrauen. Aber leider ist es so einfach dann doch wieder nicht. Denn ein Fisch darf nicht nur fatalistisch seinem Schicksal folgen, sondern muss, will er ein glückliches Leben führen, die richtige Mitte aus Hingabe und Eigeninitiative finden.

Liebe, Sex und Partnerschaft

Ist ein Fischegeborener schon ein Mysterium, ein Wesen von einem anderen Stern, so ist seine Liebe erst recht ein einziges großes Wunder. Wie liebt ein Fisch? Wie eine Nymphe, eine Nixe, ein Faun oder wie eine Fee? Lässt sich seine Liebe anders beschreiben als mit einem goldenen Regenbogen? Das Idealbild des verliebten Fischemanns sah noch vor sechzig, siebzig Jahren so aus, dass er nachts mit einer Gitarre unterwegs war, um seine mit Herzblut geschriebenen Liebeslieder unter dem Fenster seiner Angebeteten anzustimmen, schmachtend, fast sterbend vor Sehnsucht … Und die Fischefrau war wie Penelope, voller Liebe wartend – wenn es sein musste, auch vierzig Jahre lang. Heutzutage lebt man Fischeliebe vor allem in entsprechenden Hollywoodfilmen wie »Titanic« mit Rose und Jack alias Kate Winslet und Leonardo DiCaprio, deren Liebe zwar real mit dem Luxusdampfer untergeht, aber auf einer anderen Ebene ewig und unsterblich wird. So wie im Film, in dem der tote Jack langsam im eisigen Meer versinkt, während das »Titanic«-Lied erklingt: »Jede Nacht in meinen Träumen seh ich dich …«

Das ist beinahe typisch für Fischeliebe, dass sie auf der realen Alltagsebene unerfüllt bleibt, dafür aber auf einer mystischen weitergeht. Man kann fast mit Sicherheit sagen, dass ein Fisch immer eine unerfüllte Liebe mit sich herumträgt bzw. mit einem Partner zusammenlebt, der nicht seine ganz große Liebe ist. Denn in der Philosophie eines Fischs ist das Wahre und Echte ja nicht von dieser Welt, sondern göttlich, mysteriös, ein Rätsel und unvereinbar mit dem Pragmatismus des Alltags.

Ganz praktisch sieht das so aus, dass Fische häufig schon von vornherein die Verhinderung mit einbauen: indem sie jemanden lieben, der bereits vergeben, zu alt, zu jung, zu weit weg oder durch welche Gründe auch immer für eine Partnerschaft nicht – oder zumindest nicht einfach – zu haben ist. Er ist ein Träumer, der Fisch, und in der Liebe hängt er seinen Träumen vielleicht am innigsten nach. Mit jedem Hindernis, das sich zwischen ihm und dem geliebten Subjekt auftut, mit jedem Kilometer, der sie trennt, scheint der Adrenalinspiegel anzusteigen, die Liebe zu wachsen.

Mit einem Fisch zu leben heißt daher, entweder immer die zweite Wahl zu sein oder mehr oder weniger jeden Tag neu den Liebestanz zu beginnen. Das ist anstrengend, das kostet Kraft – und das ist für viele Partner von Fischen irgendwann zu viel. Darin liegt der Grund, warum Fischegeborene entweder einen hohen Partnerverschleiß haben, allein leben oder in einem mehr oder weniger eingeschlafenen Ehebündnis dahindümpeln.

Bedeutet das jetzt, dass Menschen, die einen Partner suchen, um Fische immer einen großen Bogen machen sollten? Natürlich nicht! Fische sind derart liebenswerte, freundliche, rücksichtsvolle Zeitgenossen, dass sich's an ihrer Seite wundervoll entspannen lässt. Aber man sollte eben wissen, dass man seinem Fischegeborenen auf längere Sicht immer wieder Lebewohl sagen muss: weil er allein sein will, weil er vielleicht eine oder einen Geliebten hat, weil er meditieren oder unbedingt allein verreisen muss. Aber, und das ist die andere Seite, wer es versteht, ihn an der »langen Leine« zu halten, zu dem kommt er allemal zurück.

Zu einem Fisch passen natürlich von vornherein nur Menschen, die selbst einen bestimmten Grad von Freiheit und Selbständigkeit suchen. Und in aller Regel geraten auch just nur solche an einen Vertreter dieses Sternzeichens. Mir jedenfalls ist kein Fischebündnis bekannt, in dem nicht immer auch das Visavis eben die gleichen »Gelüste« und »Macken« hätte wie der Fisch, selbst wenn er vordergründig über dessen »Machenschaften« noch so sehr lamentiert.

Der Astro-Flirt

Manchmal scheinen sie zwar etwas schüchtern, doch die Fische haben so viele, na, sagen wir: fast so viele unterschiedliche Stimmungen, wie es Fischarten gibt. Und je nachdem, wie der Fisch »drauf« ist, schließt er leicht Kontakt oder ist so verschlossen, dass man gar nicht an ihn herankommt.

An erster Stelle beim Kontakteknüpfen steht noch immer der Job.

Wegen ihrer Vielseitigkeit, aber auch ihrer Uneindeutigkeit trifft man in allen Berufsgruppen auf Fischemenschen: als Taxifahrer oder Heilpraktiker, Musiker oder Psychologe, Journalist oder Politiker. Will man sich gezielter auf die Suche nach einem Fische-Traumpartner machen, hier noch ein paar seiner Freizeitvorlieben: alle Sportarten, die mit Wasser zu tun haben, Theaterbesuche, der Besuch von Konzerten der unterschiedlichsten Musikrichtungen oder Kunstgalerien, Yoga, Meditations- oder Tanzkurse, Wohlfahrtsausschüsse oder gemeinnützige Vereine und last, but not least: sämtliche Bars, Restaurants, Kneipen, Wirtshäuser, Cafés, Spelunken, Schenken, Beisel, Kaschemmen und einschlägigen Clubs dieser Welt – was in keinem Widerspruch dazu steht, dass Fische gern allein sind.

Durchtanzte Nächte unter dem Sternenhimmel, im Mondschein am Strand spazieren gehen, den Sonnenaufgang genießen: Der Fisch ist der wahre Romantiker unter den Zeichen des Zodiaks. Beim Blick in seine Augen meint man, in der Tiefe seiner Seele zu versinken. Doch Vorsicht, auch wenn man sofort das Gefühl hat, einen Seelengefährten gefunden zu haben, nichts ist beim Fisch so, wie es scheint. Geht man forsch auf den »harten Kerl« oder die burschikose Eva zu, die man kennengelernt zu haben meint, ist der sensible Fischegeborene verschreckt und schwimmt ganz schnell davon. Schraubt man sein Interesse zurück, fühlen sich Fischefrau oder -mann nicht geliebt und gehen ebenfalls nicht ins Netz.

Auch wenn sie sich wie die coolen Weltmeister beim Flirten, Küssen und Kontakteknüpfen benehmen, sind sie eigentlich immer auf der Suche nach dem Traumpartner, dem wahren Seelengefährten. Also lasse man um seinetwillen die Finger von einem Fisch, wenn man nur ein kurzfristiges Abenteuer will.

Sind Fische gut im Bett?

Sagen wir mal: Der Fisch ist einfühlsam, denkt mit, will nicht nur seinen Höhepunkt, seine Befriedigung, sondern auch den des geliebten Partners. Das macht ihn in jedem Fall höchst interessant. Denn in den meisten Betten werden trotz aller Aufklärung immer noch dermaßen viele »Nummern geschoben« und wird »Holz gehackt«, dass es ein Jammer ist. Der Fisch ist eine rühmliche Ausnahme; er sucht das Miteinander, den Gleichklang der Körper. Seine hohe Sensibilität lässt ihn die Wünsche seines Partners spüren, sie ihm regelrecht von den Augen ablesen. Er ist also nicht nur gut, er ist vor allem wohltuend im Bett: kein Stress, kein Orgasmuszwang, keine »Nummern« ... Wenn die Energie stimmt, kann Sex mit ihm aber auch zu einer Droge werden, stärker als alles andere. Von solch einem Fisch vermag ein Sog auszugehen, dem niemand widerstehen kann. Der Sex eines Fisches macht hungrig nach immer, immer mehr ...

Das ist die eine Seite. Die andere ist, dass eines Fisches Sensibilität auch sehr nerven kann, dann nämlich, wenn ihn der Fahrstuhllärm im Hotel oder die Fliege im Schlafzimmer am ungestörten Genuss hindert. Dazu kommen seine neurotischen Anwandlungen, sich selbst nicht für richtig liebesfähig oder sogar frigide bzw. impotent zu halten. Und dann erst seine Launen, die ihn zuweilen »zu wie eine Auster« sein lassen. Mit anderen Worten: Liebe und Sex mit einem Fisch können atemberaubend sein – ein Trip auf Wolke sieben, ein Flug in die Ewigkeit. Und sie können derartig stumpf und »abtörnend« werden, als hätte er noch nie etwas von Liebe gehört.

Sind Fische gute Partner?

Der Fisch ist der geborene Einzelgänger vom Typ »Steppenwolf« (männliche Ausgabe) respektive »Eisprinzessin« (weibliche Rolle). Selbst wenn er »im Rudel« auftritt, bleibt er für sich, folgt seinem eigenen Weg und verkündet allen, die es wissen wollen, er könne auch allein leben. Auf der anderen Seite signalisiert er überaus deutlich, dass er einsam ist und jemanden braucht, der sich seiner annimmt. Diese schier schizoide Botschaft macht es Liebhabern von Fischen natürlich schwer, an sie heranzukommen. Geht man auf sie zu, fühlen sie sich verfolgt; lässt man sie allein, glauben sie sich nicht geliebt.

Dazu kommen noch tausenderlei Arten, sich zu verstecken und zu tarnen: Im Grunde ist jeder Fisch scheu, schüchtern, also beziehungsmäßig ein echtes Sensibelchen. Aber der Fischemann spielt gern den eisenharten Macker (wie die Fische Bruce Willis oder Niki Lauda zum Beispiel). Und die Frauen geben sich gern cool und eisig (ähnlich den Fischen Zarah Leander oder Nina Hagen). Das macht das Anbandeln noch schwerer, und es gibt daher für die Beziehungsfähigkeit hinsichtlich des Knüpfens von Kontakten nur eine Drei minus für den Fisch; wohlverstanden nicht dafür, weil er es nicht kann, sondern weil er so tut, als wäre er der Champ beim Flirten, Poussieren und Kontakteknüpfen.

Für seine Bindungsfähigkeit gibt's unterschiedliche Noten, je nachdem, wie lange die Partnerschaft schon währt. Während der ersten Monate ist der Fisch der Größte: einfühlsam, zauberhaft, liebevoll, zuvorkommend, treu. Und er verdient daher eine glatte Eins. Ist der Honeymoon vorüber, wird der Fisch erst still, dann stumm, verzieht sich immer mehr, geht seine eigenen Wege, driftet ab und ist schließlich unbekannt verzogen. Dafür gibt es eine glatte Vier. Als Mittelwert ergibt sich nach Adam Riese eine Zwei bis Drei. Na ja, damit lässt sich's leben …

So hält man Fische bei guter Laune

Der Fisch schätzt es, wenn er vor sich hin dümpeln kann und ihn niemand gängelt. Er liebt die Freiheit über alles. Sie vermittelt ihm das Gefühl seiner Bestimmung, eins zu sein mit der Schöpfung, was ihm das allerhöchste Glück schenkt. Partner von Fischen, die diese Sehnsucht falsch interpretieren, womöglich sogar als Zeichen der Lieblosigkeit sehen und versuchen, ihren Fisch zu beeinflussen, haben ihn sehr schnell verloren. Man muss ihn also in Ruhe lassen; das ist die eine Seite.

Die andere impliziert genau das Gegenteil: Man muss ihn locken, sich um ihn kümmern, ihn verhätscheln, sein Fernweh teilen, seinen versponnenen Theorien folgen und, und, und. Anders gesagt, jeder Liebhaber von Fischen muss erstens selbstbewusst sein. Zweitens braucht er die Geduld eines Anglers, muss warten können, ohne zu klagen, immer neue »Köder«, also Reize auslegen, um den Fisch zu locken und dann, drittens, im richtigen Moment – und bitte nicht zu früh und nicht zu spät – sanft und fest zugleich zuzupacken. Des Weiteren braucht ein Fischepartner tiefenpsychologisches Gespür, man darf damit aber nie zu dick auftragen; denn »Seelenklempner« kann der Fisch nicht ausstehen. Er muss unlösbare Rätsel lösen können und kann zuweilen ein Meister der inhaltsleeren Interaktion sein, also zum Beispiel »etwas sagen, ohne etwas zu sagen«.

Ob das alles zusammen nicht ein wenig viel verlangt ist von einem, der auszieht, einen Fisch zu angeln? In der Tat! Fischepartner sollten sich daher immer vor Augen halten, dass ihnen mit jedem Tag, an dem ihr Fisch nicht davonschwimmt oder verschlossen ist, ein kleines Meisterwerk gelungen ist.

Da der Fisch zudem nicht nur ein Schwärmer und Philosoph, sondern auch »ein ganz normaler Mensch« mit durchaus alltäglichen Wünschen ist, hier noch sein Lieblingsspielzeug: Schuhe (und zwar viele, ein typischer Fisch hat nie genug davon, er sammelt sie), Eis (viele Sorten Eis), Telekommunikation (das Internet ist eindeutig das moderne Meer der Fische), Sauna (Fische schwitzen gern), Lotusduft (sie lieben schwere Düfte), Mystisches (jeder Fisch ist, versteckt oder offen, ein Mystiker), Miraculix (der Zauberer der Comicserie »Asterix und Obelix«), Comics, Brauereien und Weinkeller (Fische trinken für ihr Leben gern; das ist eine kleine Behelfsbrücke, um der erdrückenden Last des Alltags etwas zu entfliehen).

Über die Treue der Fische

Der Fisch hat ein kompliziertes Seelenleben. Er verfügt nun mal nicht über die »einfachere« Wesensstruktur eines Stiers, eines Löwen oder einer Jungfrau. Und er verhält sich vor allem extrem widersprüchlich. Diesem Zug ist bereits am Himmel ein Denkmal gesetzt: Das klassische Tierkreiszeichen besteht nämlich aus zwei Fischen, die in entgegengesetzte Richtungen drängen. Und genauso denkt, fühlt und handelt der Fischemensch. Er sagt dies, aber meint jenes. Er will dorthin, geht aber in die entgegengesetzte Richtung. Vor lauter Widersprüchlichkeit verwirrt der Fisch sich und alle anderen immer mehr, bis zum Schluss nur noch ein einziges großes Rätsel übrig bleibt.

Aus der Logik der Astrologie ist es sehr wohl verständlich, warum der Fisch derartig kompliziert und uneindeutig ist: Er wurde von der Existenz ja »erfunden« und erschaffen, um vordergründige Realitäten zu hinterfragen und aufzulösen. Er ist die personifizierte Antimaterie und für den Verstand der leibhaftige »Anwalt des Teufels«, der Advocatus Diaboli der Ratio – er muss verwirren, Staub aufwirbeln, damit der Verstand sich selbst in Frage stellt und überhaupt erst einmal die Voraussetzungen geschaffen werden, nach einer anderen Existenz zu forschen.

Aber seine Widersprüchlichkeit ist für viele zwischenmenschliche Belange schlicht und einfach eine Katastrophe – und in puncto Treue ist es am schlimmsten: Ein typischer Fisch, der seinen Partner nicht hintergeht, ist so selten wie die Perle in einer Auster. Das Wort »hintergehen« ist dabei eigentlich falsch gewählt, zumindest aus der Sicht des Fischegeborenen. Er sieht das anders, er teilt mit einem anderen Menschen etwas, was aus seiner Perspektive mit seiner bestehenden Partnerschaft überhaupt nichts zu tun hat. Er hat ein so großes Herz (und das hat er tatsächlich), dass er ohne weiteres mehrere Menschen zugleich lieben kann. In aller Regel tut er es heimlich, denn er ist ein Meister der Tarnung. Weil er aber auch unglaublich tolpatschig ist, kommt jede seiner Liaisons irgendwann auf den Tisch. Eifersuchtsdramen gehören zum Liebesalltag eines humanen Fisches, und sein Alter Ego könnte einem leidtun, wäre es nicht so, dass niemand einen Partner bekommt, den er nicht auch verdient. Mit anderen Worten: Wer einen Fischegeborenen liebt und heiratet, erhofft sich in der Regel selbst freies Spiel.

Das Eifersuchtsbarometer

Typische Fischegeborene idealisieren ihren Partner. Sie stellen ihn auf ein hohes Podest, und dazu passt es natürlich nicht, wenn der Liebesgefährte mit anderen flirtet oder fremdgeht, auch wenn Fische es selbst mit der Treue ja nicht so genau nehmen.

Lautstarke Szenen wird es in solchen Fällen mit einem Partner dieses Tierkreiszeichens aber nicht geben. Ein Fisch verabscheut Streitereien. Er erduldet es lieber und schmollt stumm und düster vor sich hin. Und in dieser Stimmung bleibt ihm aus seiner Sicht über kurz oder lang ja gar nichts anderes übrig, als sich anderswo nach Trost umzusehen.

Wie gut Fische allein sein können

Zu diesem Thema ist kaum mehr zu sagen, als bereits erwähnt wurde. Daher in aller Kürze: Der Fisch ist unter allen zwölf Tierkreiszeichen dasjenige, das am besten mit sich allein zurechtkommt. Das heißt keineswegs, er würde nicht immer wieder ein Leben zu zweit anstreben und zu führen versuchen. Aber das ist ein Kompromiss, zuweilen ein sehr hübscher, manchmal ein ärgerlicher.

Je älter ein Fisch wird, umso mehr lebt er für sich. Selbst wenn er weiterhin in einer Beziehung bleibt, hat er sich in der Zwischenzeit doch seine Freiräume geschaffen, die ihm das Alleinsein ermöglichen. Natürlich kommt es auch noch auf den Aszendenten und, bei Frauen ganz besonders, auf das Mondzeichen an. Ein männlicher Fisch mit einem Aszendenten im Zeichen Krebs oder Stier beispielsweise wird immer auch eine Partnerschaft, ja, sogar eine Familie suchen. Genauso wird das auch bei einer Frau sein, die den Mond im Stier- oder Krebszeichen hat.

Weibliche Fische auf dem Prüfstand

»Sie« besitzt sämtliche Charakteristika der Fische noch stärker, noch pointierter als »er«. Als Vertreterin des letzten Zeichens im astrologischen Tierkreis sammeln sich in ihrer Psyche, symbolisch gesprochen, sämtliche femininen Gesichter der elf vorhergehenden Stufen, und sie ist zugleich die Kulmination weiblichen Seins. Sie kann zänkisch sein wie ein Widder, sinnlich wie ein Stier, ausufernd wie Zwillinge, launisch wie ein Krebs, stolz (und abgehoben) wie ein Löwe, nörgelnd wie eine Jungfrau, liebevoll wie eine Waage, emotional wie ein Skorpion, großzügig wie ein Schütze, kühl wie der Steinbock, chaotisch wie ein Wassermann. Und sie ist die Sphinx in Person: ein geheimnisvolles, schillerndes, fluoreszierendes Zaubergeschöpf, das Männer lockt und verführt. Sie ist das Urweibliche, der Himmel und das Verderben in einem.

Auf dieser Erde fühlt sie sich nur bedingt heimisch. Eher erlebt sie sich als gefallener Engel, als Außerirdische oder Findelkind. Oft fühlt sie sich einsam und nicht verstanden. Dann sitzt sie wie in einem gläsernen Turm mitten unter den Menschen und ist dennoch weit entfernt.

Sie gibt sich mysteriös und spricht seufzend von unverstandener Seelentiefe … Sehnsucht ist ihr beinahe das wichtigste Gefühl, unerfüllte Liebe ist für sie schöner als ein plattes Zweier-Einerlei. Und so beginnt sie mit jedem, den sie mag, den ewigen Reigen der Wassernymphen und Feen, sie lockt, lässt sich fangen, entkommt, lacht und läuft dann wieder davon.

Sie ist eine märchenhafte Geliebte und eine einfühlsame Frau. Ihren Mann wird sie nie gängeln, aber von ihm erwarten, dass er seine Freiheit nicht missbraucht. Ihre Hausfrauenkünste liegen, von Ausnahmen abgesehen, eher unter dem Durchschnitt, es sei denn, sie hat einen Mond in den Zeichen Stier, Krebs oder Jungfrau bzw. eins dieser Zeichen ist ihr Aszendent. Nachwuchs gegenüber sind Fischefrauen in der Regel völlig zwiespältig eingestellt: Einerseits wollen sie nichts sehnlicher als ein Kind, andererseits erfindet ihr Körper, ihre Psyche oder ihr Schicksal tausend Gründe, dass es dann doch nicht klappt. Die Fischefrau ist eine einfühlsame Mutter, die aber aus Angst, ihrem Kind zu nahe zu treten, eher auf Distanz geht und auf »hart« macht.

Männliche Fische auf dem Prüfstand

Wie »richtige« Fische wehrt sich der männliche Vertreter dieses Tierkreiszeichens gegen jeden Versuch, ihn zu (be-)greifen. Und um dieses Image zu erhalten, gibt er sich gern mysteriös oder setzt sich – sein Lieblingsspiel – eine Tarnkappe auf nach dem Motto: »Mich versteht ja sowieso niemand.« Seiner Meinung nach erkennt man im Mut zur Einsamkeit den richtigen Mann. Ganz tief in seiner Seele lebt der »Steppenwolf«, einsam, eremitenhaft, nur auf sich gestellt. Vorübergehende Zweisamkeit lässt er gerade noch gelten. Aber alles, was danach kommt – verbindliche Partnerschaft, Familie oder Gruppengemeinschaft, jeder Zwang zur Norm –, lehnt er kategorisch ab.

Sein weltlicher Ehrgeiz hält sich in Grenzen. In aller Regel gibt er nicht das Geringste auf einen Platz in der Chefetage. Und auch die Mitgliedschaft im »Club der Reichen« ist ihm herzlich egal. Dass er dennoch hin und wieder auf fette Köder fliegt, hat ihm den Ruf eines Schmarotzers eingebracht. Aber kaufen kann man ihn auch nicht für pures Gold. Dann lieber untertauchen und als Taxifahrer fürs Nötigste sorgen!

Was seine Erotik angeht, so besitzt er wohl die einzig richtige Mischung aus Sex, Herz und Verstand, ist weich, ohne zu kleben, und lässt sich alle Projektionen gefallen. Mit einem Wort: Er ist der Mann, in den sich die Damen auf der Stelle verlieben. Auch wenn er gelegentlich den Macho mimt, sensible Frauen spüren sofort: Dahinter verbirgt sich ein ausgesprochener Softie, der nur darauf wartet, sanft verführt zu werden.

Eine feste Beziehung mit dem Fischemann steht jedoch auf einem ganz anderen Blatt und erfordert von der Dame seines Herzens schier übernatürliche Fähigkeiten. Denn sie hat nicht nur ein schillerndes und anmutiges, sondern auch ein völlig widersprüchliches und trotziges Geschöpf an ihrer Seite, dem jegliche Spontaneität abgehen kann. Man wird mit ihm auf Karrierekurs oder in ein Meditationszentrum gehen, tantrische Liebeskunst zelebrieren oder bis zur Erschöpfung Monopoly spielen. Nur eines kann man nicht: erwarten, dass er die Initiative ergreift!

Er ist ein femininer Mann, hat daher überhaupt keine Probleme, den Hausmann zu spielen, zu kochen, sich die Schürze umzubinden und dergleichen mehr. Zum Macho oder Tyrannen taugt er nicht. Kindern gegenüber ist er zwiespältig eingestellt: Er mag sie, aber sie machen ihm auch Angst, weil er sich vor ihrer Emotionalität so schlecht schützen kann. Schließlich noch ein Wort zu seinen Qualitäten als »Ernährer«: Die Tendenz ist eher, sich bei dem Thema irgendwie abzuseilen. Er hätte sogar kein Problem damit, wenn die Frau diese Rolle übernähme.

Wie klappt's mit den anderen Sternzeichen?

Sich zu kennen ist erst die eine Hälfte des Wegs zum Glück. Die andere Strecke muss auch noch zurückgelegt werden. Dabei geht es darum, seine Mitmenschen, besonders den Partner – das »Du« –, zu erforschen. Erst wenn man beides kennt, sein »Ich« und sein »Du«, verfügt man über die Voraussetzungen für eine funktionierende Beziehung und ein befriedigendes Liebesleben.

Mit jedem Vertreter des Zodiaks erwartet einen etwas anderes. Man selbst bleibt zwar immer der oder die Gleiche. Aber weil das Gegenüber wechselt, verhält man sich anders, je nachdem, um welches Tierkreiszeichen es sich handelt.

In der Astrologie sind nun bestimmte Erkenntnisse und Regeln zusammengestellt, die dabei helfen können, mit den verschiedenen potenziellen Partnern besser umzugehen, gemeinsam mehr Spaß zu haben, Konflikte zu vermeiden, erfüllter zu lieben und zu leben und länger zusammenzubleiben.

Zuvor ist jedoch noch etwas Grundsätzliches zu sagen: Viele Menschen haben den Eindruck, der Sternenkunde zufolge gäbe es Kombinationen, die gut funktionieren, und andere, die »floppen«. Das ist so falsch. Es gibt keine Verbindung, die unmöglich ist. Mit anderen Worten, als Fischegeborener kann man mit allen, egal, ob Löwe, Wassermann oder Waage.

Allerdings verlangt jede Partnerschaft einen bestimmten »Preis«. Bei manchen Kombinationen heißt der Preis Ruhe oder Entspannung, bei anderen braucht man vielleicht mehr Zeit. Auch ist es von Fall zu Fall möglich, dass man mit einem bestimmten Partner in eine Krise gerät und dann etwas unternehmen muss, um sie gemeinsam zu bewältigen. Es gibt keine Beziehung, die nur positiv ist. Es gibt allerdings solche, die bequemer sind als andere. Wer aber will entscheiden, ob Bequemlichkeit in jedem Fall ein erstrebenswertes Gut ist?

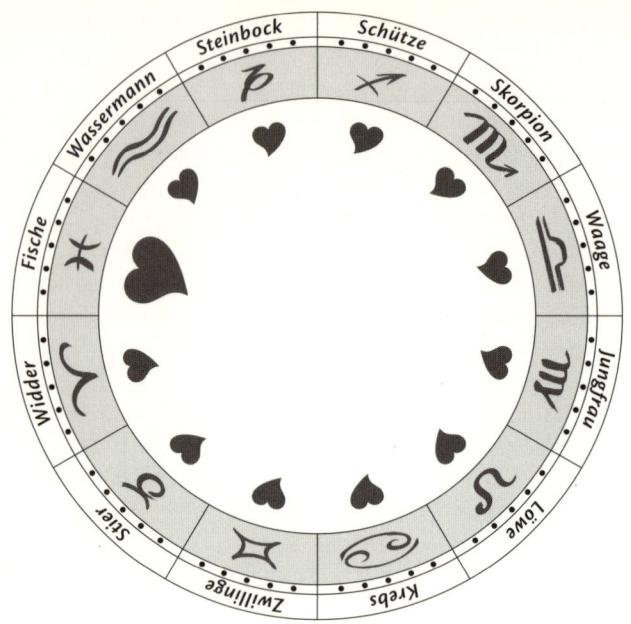

Die Astrologie kann dabei helfen, ein erfülltes Leben in der Partnerschaft zu finden. Doch der Mensch verliebt sich – dem Himmel sei Dank – mit dem Herzen. Das Herz ist allemal stärker als irgendwelche Prinzipien, die unter Umständen sogar noch dogmatisch ausgelegt werden. Deswegen sollte man im Zweifelsfall immer auf seine eigene innere Stimme hören, damit nicht aus einer guten Sache, die die Astrologie ja nun mal ist, für Einzelne ein Hindernis auf ihrem Weg zum Glück wird.

Gegensätze ziehen sich an: Fische und Jungfrau

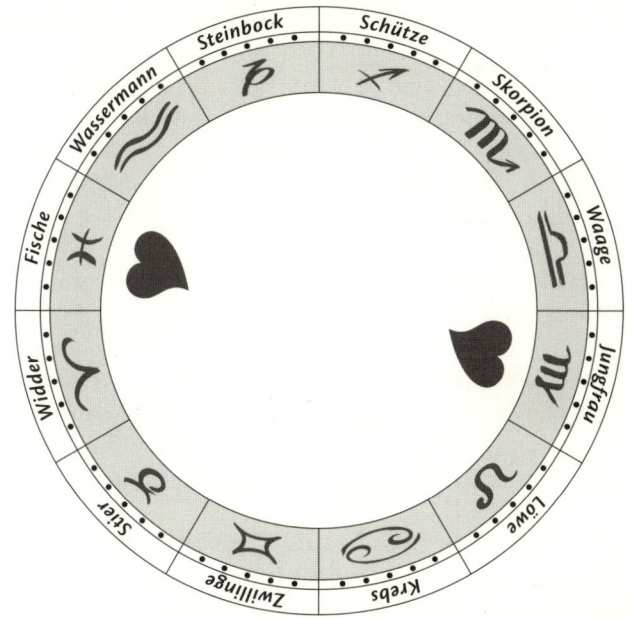

Zwischen den Fischen und der Jungfrau, ihrem Gegenzeichen (man nennt es auch »Oppositionszeichen«), liegt im Tierkreis die größtmögliche Distanz. Das bedeutet symbolisch, dass zwischen beiden der größte Unterschied besteht. Kein Vertreter des Zodiaks unterscheidet sich stärker von einem Fisch als eine Jungfrau. Von daher könnte man annehmen, das Zeichen Fische hätte mit solchen Menschen wenig zu tun. Aber das ist ein Irrtum. Der Astrologie zufolge sind zwei sich gegenüberliegende Zeichen zwar so verschieden wie Plus und Minus, aber sie ziehen sich auch an wie der positive und der negative Pol eines elektromagnetischen Feldes. Es fließt also sofort »Strom«, wenn sich Fische und Jungfrau begegnen.

Es ist ungefähr so, als würde man auf einer Reise in ein weit entferntes Land Menschen begegnen, die zwar völlig anders sind als man selbst, die einen aber faszinieren, interessieren und anziehen – als kenne man sie aus irgendeiner fernen Zeit her ganz genau.

Der Kosmos »will« eben, dass man sich nicht in sein Ebenbild, sondern in seine Ergänzung verliebt. Letztlich sind ja auch Mann und Frau verschieden, und just aus dieser Verschiedenheit heraus erwächst die unwahrscheinliche Spannung, die Gefühle weckt, welche stärker sein können als alles andere auf der Welt.

»Du hast alles, was mir fehlt …!« Das ist die richtige Einstellung zu seinem Kontrapunkt – und: »Zusammen sind wir ganz, so wie zwei Kreishälften einen vollständigen Kreis bilden.« Fische, die Jungfrauen gegenüber eine grundsätzliche Ablehnung hegen, sollten sich dieses astrologische Gesetz der Liebe immer wieder vor Augen halten und in sich hineinspüren. Ganz sicher finden sie eine Resonanz, ein Gefühl von Neugierde und tiefem Interesse, das sie bisher vielleicht nur noch nicht wahrgenommen haben.

Was die Sterne über Fische und Jungfrau sagen

Jungfrauen sind praktische, realistische Menschen, die mit beiden Füßen fest auf der Erde stehen. Ihr Horizont endet da, wo er auch tatsächlich seine Grenzen findet, dort, am Rand, wo er den Himmel berührt. Das heißt nicht, dass der »Himmel« in ihrem Weltbild keine Rolle spielte, aber er steht für ein anderes, fremdes Reich, Räume des Glaubens, der Phantasie, des Flüchtigen …

Für einen Fischegeborenen wird's gerade hier interessant. Die Sphäre des Glaubens und Irrealen ist für ihn ganz real und völlig nah. Der eher nüchternen Welt der Jungfrau hingegen begegnet er mit einigem Zweifel und findet sich letztlich nicht wirklich darin zurecht. Das hat ganz praktische Konsequenzen, etwa dann, wenn die Jungfrau wie ein Ackergaul schuftet, um ihrem Leben ein solides Fundament zu verschaffen, und der Fischepartner sein Geld für Dinge ausgibt, die nun überhaupt nicht ins Weltbild der Jungfrau passen – für ein Meditationscamp im Himalaja zum Beispiel.

Die Gegensätze könnten also nicht größer sein. Aber gerade das ist es auch, was die zwei schier magnetisch anzieht. Eine Jungfrau kennt immer einen Fischegeborenen. Wenn er nicht ihr Partner ist, dann ihr Freund, ihr Kind oder was auch immer. Sie braucht ihn, um aus allzu vordergründigen Zwängen herauszufinden. Umgekehrt benötigen alle Fische eine Jungfrau, denn sie hat den Schlüssel, um auf der Erde lebbare Räume zu erschließen.

Das kleine Liebesgeheimnis

Gegensätze ziehen sich an. Und was am weitesten voneinander entfernt liegt, kann sich auch am nächsten liegen. Liebe ist gerade die goldene Brücke zwischen ihnen. Sie macht uns ganz, weil sie das bringt, was uns selbst fehlt. In der Astrologie heißt es (und dies ist die Botschaft aller esoterischen Lehren), dass jedes Singuläre und Vereinzelte das Bestreben hat, ganz zu werden. Dieser Wunsch kann umso größer sein, je mehr sich der eine Mensch vom jeweils anderen unterscheidet. Und entsprechend stärker ist die Liebe.

Das gilt in besonderer Weise für eine Beziehung zwischen Ihnen und einer Jungfrau. Aber das ist auch eine generelle Gesetzmäßigkeit. Denn jeder andere Mensch, gleich, welchen Tierkreiszeichens, wird in irgendeiner Hinsicht ganz anders sein als Sie. Wenn Ihre Herzdame oder Ihr Herzbube eine Jungfrau ist, sollten Sie diese Verschiedenheit also nicht von vornherein als Störung und Hindernis betrachten, sondern als Chance, noch tiefer, noch umfassender zu lieben.

Knapp vorbei ist auch daneben:
Fische und Löwe · Fische und Waage

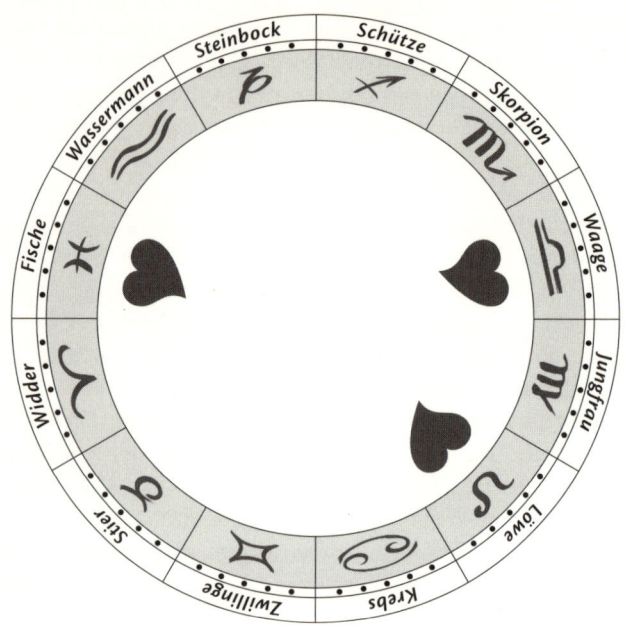

In diesem Abschnitt geht es um die Beziehung zu zwei Zeichen, die unmittelbar neben dem Gegenzeichen, der Jungfrau, liegen: um den Löwen und die Waage. Diese befinden sich somit ebenfalls sehr weit von den Fischen entfernt.

Man sollte also annehmen, auch zwischen Fischen und Löwen einerseits und Fischen und Waage andererseits wirke eine ähnliche »Anziehung und Abstoßung«. Aber wieder hat die Astrologie eine Überraschung parat: Diese Beziehungen sind schwierig und funktionieren nur unter Vorbehalt. Die Ursache liegt in der unterschiedlichen Grundstimmung. Fische sind, was das Element betrifft, ein Wasserzeichen. Löwe ist ein Feuer- und Waage ein Luftzeichen. Zwischen Wasser einerseits und Feuer bzw. Luft andererseits bestehen schwerwiegende Differenzen des Erlebens und Verhaltens.

Man kann sich das wieder ungefähr so vorstellen, als begegnete man auf einer Reise in ein fernes Land Menschen, die allerdings völlig anders sind als man selbst. Aber dieses andere empfindet man zunächst nicht als reizvoll, anziehend und aufregend, sondern es erweckt erst einmal Vorbehalte und stößt auf Ablehnung. Mit einem Wort, man ist sich fremd und findet auf Anhieb keine Möglichkeit, dieses Befremdliche aus dem Weg zu räumen.

Sollte man dann Menschen mit jenen beiden Tierkreiszeichen meiden? Die Antwort lautet natürlich wieder: »Nein!« Denn es gibt auch zahlreiche Gründe, die *für* eine Beziehung mit ihnen sprechen. So lernt man im Umgang mit derartig fremden Naturellen in der Regel sehr viel mehr als mit solchen, die einem vertraut sind.

Es kommt auch vor – und dies passiert gar nicht so selten –, dass es das eigene Schicksal zu sein scheint, gerade Menschen zu lieben, die aus einer völlig konträren Welt kommen. Zum Beispiel kann es sein, dass es in der Familiengeschichte schon einmal oder mehrmals ein derartiges Zusammenkommen mit Fremden gegeben hat (Eltern oder Großeltern etwa können ebenfalls eine solche Beziehung gehabt haben, so dass man seine eigene Existenz diesem Wagnis verdankt).

Doch wie auch immer, man muss wissen, dass man hier keine leichte und bequeme Lösung gewählt hat und nicht erwarten kann, dass sich diese Beziehung ohne Probleme gestalten wird.

Was die Sterne über Fische und Löwe sagen

Der Löwe ist das fünfte Zeichen im Tierkreis, die Fische das zwölfte und letzte. Entsprechend erlebt sich der Löwe in der Mitte des Lebens, das er in vollen Zügen zu genießen sucht. Wohin sein Erdendasein ihn irgendwann einmal führen wird, interessiert ihn hier und jetzt eher sekundär; das heißt, er entwickelt aus seiner bejahenden Grundeinstellung heraus normalerweise nur positive und glückliche Lebensziele.

Typische Fische hingegen sind einfühlsame Träumer. Sie können sich überall an Gegebenheiten anpassen, und vielfach wissen sie deswegen nicht so richtig, wer sie eigentlich selbst sind. Ein Fischegeborener kennt das Leben, er weiß in seiner tiefsten Seele, dass alles letztlich dahin gehend ausgerichtet ist, loszulassen. Er erinnert daher ein wenig an den Mönch, der dem Weltlichen entsagt, wohingegen der Löwe dem Klischee eines Kaufmanns bzw. Lebemanns entspricht.

Trotz dieser kolossalen Unterschiede und den Schwierigkeiten in der Beziehung führen Vertreter der beiden Tierkreiszeichen häufig alles in allem eine erfüllte Partnerschaft. Beide sind nämlich auch sehr tolerant und großzügig und können den anderen so lassen, wie er eben ist.

Durch den Fischegeborenen lernt der Löwe, sensibler für die Belange der Menschen in seiner Umgebung zu werden; und umgekehrt zeigt der Löwe dem Fischepartner, wie er seine eigenen berechtigten Ansprüche auch in der Praxis »anmelden« kann.

Was die Sterne über Fische und Waage sagen

Waage und Fische kommen selten als Paar zusammen, weil sie doch sehr unterschiedlich sind. Der Fischegeborene neigt wie gesagt zu Träumereien und fühlt sich oft allein am wohlsten. Empfindsamkeit und Einfühlungsvermögen besitzt er im Überfluss. Ganz anders die Waage. Sie will etwas erleben, ist extravertiert, sucht als Luftzeichen andere Menschen und fühlt sich mitten in einem Café oder bei einer öffentlichen Feier unter vielen Menschen viel wohler als auf einer einsamen Insel, wo der Fisch aber gern leben würde.

Hinzu kommen bei beiden Idealvorstellungen im Hinblick auf Liebe und Harmonie, die so anspruchsvoll sind, dass sie einfach den Anforderungen des Alltags nicht standhalten. Zu hoch gegriffene Illusionen führen unweigerlich zu Enttäuschungen. Außerdem sind die Vertreter beider Zeichen unsicher. Das führt automatisch dazu, dass sie jeweils beim anderen die Sicherheit suchen, die sie bei sich selbst nicht finden, dann aber frustriert sind, wenn sie diese beim vermeintlich starken Partner auch nicht entdecken können.

Wichtig ist, dass jeder der zwei ehrlich seine Anliegen zur Sprache bringt – auch auf die vermeintliche Gefahr hin, den anderen zu verletzen. Eine derartige Beziehung funktioniert nur, wenn beide mit vollkommen offenen Karten spielen, das heißt sagen, dass sie selbst unsicher, schwankend, labil und beeinflussbar sind. Dann wird im glücklichen Fall aus dieser Kombination zweier »schwacher« Zeichen ein Paar, das gemeinsam viel stärker ist als die meisten anderen Kombinationen.

Das kleine Liebesgeheimnis

Wenn Sie als Fischegeborene(r) einen Menschen kennen oder lieben, dessen Tierkreiszeichen Löwe oder Waage ist, dann sollten Sie sich sagen, dass es bestimmt Gründe gibt, warum Sie gerade ihm begegnet sind. Lernen Sie von ihm, dass das Fremde kein Hinderungsgrund für eine tiefe Liebe sein muss. Gehen Sie davon aus, dass Sie zusammen einen zwar schwierigen, aber unglaublich interessanten Weg einschlagen können.

Versuchen Sie immer wieder, die Situation aus den Augen dieses anderen Menschen zu betrachten, sie mit seinen Ohren zu hören und mit seinen Gedanken zu erfassen. Lernen Sie dadurch eine Welt kennen und lieben, von der Sie sonst vielleicht kaum je etwas erfahren hätten.

Ein Vertrauter in der Fremde:
Fische und Krebs · Fische und Skorpion

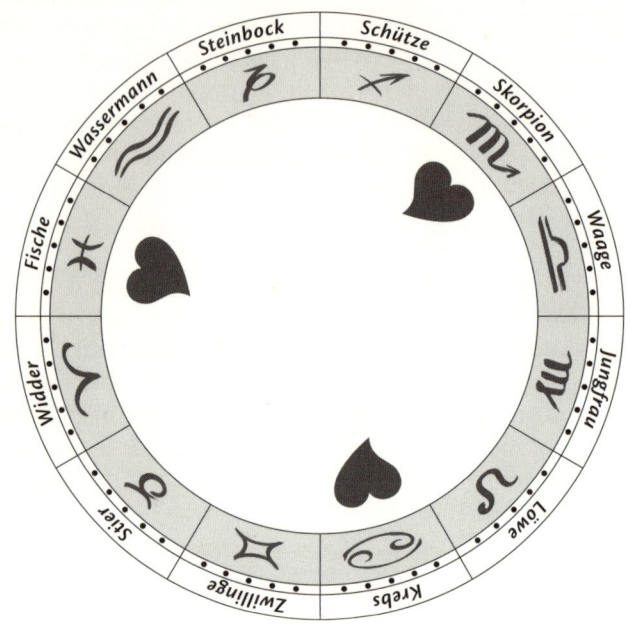

Zwischen dem Tierkreiszeichen Fische und den beiden Abschnitten Krebs und Skorpion besteht auf dem Zodiak eine relativ große Distanz. Man könnte daher vermuten, dass auch Skorpion- und Krebsgeborene mit einem Fisch nicht so leicht warmwerden und dass eine Liebesbeziehung, wenn überhaupt, nur unter großen Schwierigkeiten und mit zahlreichen Hindernissen möglich ist. Aber nach astrologischen Erkenntnissen verhält es sich genau umgekehrt. Fische und Krebse bzw. Skorpione verstehen sich in der Regel auf Anhieb und können ohne Weiteres eine lebenslange, erfüllte Beziehung führen.

Es ist, als würden wir auf der bereits mehrfach erwähnten vorgestellten Reise weit in der Ferne plötzlich jemanden treffen, der aus derselben Stadt kommt und dieselben Menschen kennt wie wir. Man fühlt sich sofort verstanden, hat Gesprächsstoff und ist glücklich, in der Fremde jemandem zu begegnen, der die gleiche Sprache spricht. Das schafft von vornherein Vertrauen, Sicherheit und Nähe.

Der Astrologie zufolge kommen diese Tierkreiszeichen besonders gut miteinander aus und können langjährige Beziehungen eingehen. Ja, es ist eine der klassischen Beziehungen für eine Heirat und Familiengründung.

Was die Sterne über Fische und Krebs sagen

Es gibt kaum etwas Schöneres als eine Liebe zwischen diesen beiden tiefen Seelenwesen. Typische Vertreter der Tierkreiszeichen Fische und Krebs können sich ineinander verlieren und auflösen wie in einem tiefen warmen See. Man reizt sich gegenseitig zu immer neuen Variationen der Liebe. Man trifft sich in der Unendlichkeit der Phantasie und teilt die gleichen Träume.

Das Problem ist höchstens dann gegeben, wenn nicht wenigstens einer von ihnen in seinem Horoskop auch ein bisschen »erdig« ist (zum Beispiel den Aszendenten im Zeichen Stier oder den Mond im Zeichen Jungfrau hat). Denn nur dann kommt ein wenig der Boden der Realität in diese Beziehung hinein. Ansonsten kann es schlichtweg Probleme mit der konkreten Alltagsbewältigung geben. Oft tritt dann ein Kind in ihr Leben, das diese großen Seelen erden muss.

Was die Sterne über Fische und Skorpion sagen

Sie sind sich so ähnlich – und dennoch so verschieden. Zunächst die Gemeinsamkeiten, denn die überwiegen bei weitem die Differenzen: Ihr Element ist Wasser. Wasser ist ein Symbol für Seelisches, für Gefühl und Innerpsychisches. Insofern schwingen beide auf der gleichen »Wellenlänge«, verstehen sich ohne große Worte und legen mehr Wert auf Empfinden und Fühlen als auf Haben und Scheinen. In ihren Anschauungen und Lebensmustern orientieren sie sich »aus dem Bauch heraus«, ihre Meinungen entspringen letztlich ihrem Fühlen und nicht dem Denken (wie bei den Luftzeichen) oder gesammelten Erfahrungen (wie bei den Erdzeichen). Und sie fühlen ähnlich, so dass bei Kleinigkeiten (»Welchen Film sehen wir uns heute an?«) wie auch bei großen Entscheidungen (»Wo soll einmal unser gemeinsames Haus stehen?«) grundsätzlich Einigkeit besteht.

Der Unterschied liegt darin, dass der Skorpion dazu tendiert, die Kontrolle in der Beziehung zu behalten. Im Gegensatz dazu hat der Fischepartner die Gabe, den Dingen ihren Lauf zu lassen und, wenn ihm etwas nicht behagt, sich in seine Traumwelt zurückzuziehen. Gerade diese Eigenschaften sind es aber auch, die dem Skorpion guttun. Umgekehrt verhilft er dem leicht beeinflussbaren Fischegeborenen, sich besser durchzusetzen.

Probleme entstehen höchstens hinsichtlich der Bindungsbereitschaft des Fischepartners. Als letztes und veränderliches Zeichen ahnen die Fische, dass jede Bindung nur vorübergehend, das gesamte Leben – und mithin auch die Liebe – flüchtig ist und immer nur einen Moment lang existiert.

Das kleine Liebesgeheimnis

Wenn Sie als Fischegeborener jemanden kennen oder lieben, dessen Tierkreiszeichen Krebs oder Skorpion ist, dann können Sie sehr glücklich sein. Sie haben einen Menschen an Ihrer Seite, der beides mitbringt: genügend Ähnlichkeit und Übereinstimmung einerseits und ausreichend Unterschiedliches und Fremdes andererseits. Ihre Beziehung wird nicht langweilig und einschläfernd.

Sollten Sie dennoch einmal über Eintönigkeit klagen, dann brauchen Sie nur gemeinsam Ihre Siebensachen zu packen und zu verreisen. Sobald Sie Ihre gewohnte Umgebung verlassen, Grenzen überschreiten, gemeinsam in einem Hotelbett liegen, kommen Liebe und Leidenschaft zurück – und es ist wie am allerersten Tag.

Das verflixte Quadrat:
Fische und Zwillinge · Fische und Schütze

Eine Frau betritt einen Raum, ein Café zum Beispiel, in dem sie noch nie war, was schon von vornherein leicht befremdliche Gefühle und Unsicherheit bei ihr ausgelöst hat. Sie freut sich, da sie einen leeren Tisch sieht, und setzt sich dorthin. Doch dann bemerkt sie aus den Augenwinkeln heraus, dass jemand sie von der Seite anschaut. Sie blickt schnell hoch, doch der (oder die) andere sieht weg. Sobald sie sich aber wieder mit der Speisekarte oder einer Zeitschrift beschäftigt, wiederholt sich das Spiel: Die Frau fühlt sich beobachtet.

Dieser Mensch beginnt ihr auf die Nerven zu gehen, aber da ist auch eine gewisse Neugierde, wer denn diese andere Person sein mag. Kennen sie sich vielleicht von irgendwoher? Ob alles auf einer Verwechslung beruht? Oder ob der andere vielleicht schräge Absichten hegt?

Ungefähr so gestaltet sich die Kontaktaufnahme zwischen dem Zeichen Fische und jenen, die im Zodiak in einer quadratischen Beziehung (einem Winkel von 90 Grad) zu ihrem Zeichen stehen, also Zwillinge und Schütze. Es besteht Interesse und Ablehnung zugleich. Man kennt sich, ohne zu wissen, woher. Man ist interessiert und irritiert, weiß nicht, ob man bleiben oder gehen soll.

Der Astrologie zufolge sind Beziehungen auf der Basis eines Quadrats sehr schwierig, sie stehen unter Spannung, erzeugen Konflikte, schaden der Liebe, stören sie, führen zu einer Trennung oder lassen überhaupt kein Bindung zu. Sollte man dann nicht um solche Tierkreiszeichen besser einen weiten Bogen machen?

Das kann man so nicht sagen. Das Herz entscheidet sich, wie wir wissen, manchmal gerade für einen derartigen Partner. Es funktionieren auch zahlreiche solcher Liebesbeziehungen. Manche halten sogar ein ganzes Leben lang. Aber sie sind nicht einfach. Mit einem Zwillinge- oder Schützepartner werden Fische das Gefühl nie ganz los, dass sie sich nicht entspannen, sich nicht völlig gehenlassen können. Ein bisschen sieht immer alles nach Arbeit und nach Problembewältigung aus. Hier soll eine schicksalhafte Aufgabe gelöst werden.

Das ist meist auch der tieferliegende Sinn einer derartigen Beziehung. Man muss etwas lernen, bewältigen, in Ordnung bringen. Es gibt Astrologen, die behaupten, solche Bindungen hätten bereits in einem früheren Leben existiert. Damals aber habe man Fehler gemacht, sich nicht respektiert oder was auch immer. Daher müsse man in diesem Leben wieder zusammenkommen, um etwas gutzumachen. Wer weiß …?

Sicher ist, dass Fische mit einem Zwillinge- oder Schützegeborenen etwas lernen. Sie können auch gar nicht anders, wenn ihre Beziehung Bestand haben soll. Eine derartige Partnerschaft ist sogar vorzüglich dafür geeignet, sich persönlich zu entwickeln, aber auch Karriere zu machen. Unbewusst »schiebt« einen der

Zwillinge- oder ein Schützegeborener sozusagen regelrecht auf der Karriereleiter aufwärts. Es kann genauso gut umgekehrt sein, dass Fische ihren Partner nach oben puschen. Die Karriere bzw. der Beruf ist dann etwas, woran sich die Spannung innerhalb einer »Quadratbeziehung« entladen kann.

Eine andere Möglichkeit ist die, dass Paare mit einer derartigen Tierkreiszeichen-Konstellation Kinder bekommen, die dann (auf positive Weise) ebenfalls als »Spannungslöser« wirken. Auch ein guter Freund oder enger Bekannter, sogar ein Haustier wie ein Hund oder eine Katze kann diese Rolle übernehmen.

Was die Sterne über Fische und Zwillinge sagen

Die Verbindung von typischen Zwillingen und Fischen ist den astrologischen Erkenntnissen zufolge nicht gerade die perfekte Kombination für eine Heirat, aber bestimmt für eine wilde Liaison oder auch für eine heimliche Affäre. Fische fühlen in Zwillingen eine verwandte Seele, einen Menschen, der letztlich frei ist wie sie, aber gleichzeitig auch so heimatlos. Das sind natürlich die besten Voraussetzungen für alle erdenklichen Projektionen. Der Zwillinge-hilft dem Fischepartner, seine Gedanken klar in Worte zu fassen; auf der anderen Seite zeigen Fische den Zwillingen, dass man auch »zwischen den Zeilen« lesen kann.

Kommt man dann richtig zusammen, heiratet oder lebt man in einer eheähnlichen Gemeinschaft, lässt sich die Wirklichkeit in aller Regel nicht länger kaschieren: Der Fischegeborene hält sich überwiegend in der Welt der Träume auf, und der Zwillinge-partner bewegt sich in der Welt der Logik. Die Diskrepanz führt dazu, dass Fische den Eindruck haben, ihre Gefühle würden zerredet.

Diese Erkenntnis und die anschließende Auseinandersetzung mit dem Problem könnten der Anfang einer guten Beziehung sein. Aber die meisten Paare mit einer Zwillinge-Fische-Kombination brechen an diesem Punkt ab, und es heißt: »Auf ein neues Glück!«

Was die Sterne über Fische und Schütze sagen

Im Grunde ähneln sich idealtypische Vertreter dieser beiden Tierkreiszeichen sehr: Sie sind Idealisten, Schwärmer, offen, dem Himmel näher als der Erde und beseelt von dem Willen, anderen zu helfen. Was den Sex betrifft, geben sie sich frei, experimentierfreudig und voller Sehnsucht, in der Vereinigung die verlorene Ganzheit wiederzuerlangen. Sogar ihr Verhältnis zu Partnerschaft und Ehe scheint ähnlich zu sein, sie wollen sich nämlich »keine Fesseln anlegen« lassen!

Trotzdem ist eine Beziehung zwischen den beiden in 99 Prozent aller Fälle ein Desaster. Denn im Schützen lodert das Element Feuer – drängend, ungeduldig, und er ist begierig, zu verbreiten, was ihn entflammt hat (das heißt seine Anschauungen). Fische hingegen ist ein Wasserzeichen – in sich gekehrt, die Dinge erspürend, behutsam und introvertiert. Das führt dazu, dass der Schütze den Fischegeborenen nach der anfänglichen »Liebeshochphase« für einen komplizierten Softie, einen Schwächling und Verdränger hält. Der Fischepartner wiederum erachtet mit der Zeit den anderen als »aufgeblasenen Besserwisser«, der lieber vor seiner eigenen Tür kehren sollte …

Das eine Prozent derartiger Paare, bei dem die Partner den Weg ins Reich des jeweils anderen finden, lebt allerdings eine Beziehung vom Feinsten: eine Gemeinschaft so tief wie das Meer und so pulsierend wie das Leben.

Das kleine Liebesgeheimnis

Wenn Sie mit dem Zeichen Fische einen Menschen kennen oder lie-
ben, dessen Tierkreiszeichen Zwillinge oder Schütze ist, haben Sie
einen eher schwierigen Partner gewählt. Aber das muss in gar kei-
ner Weise etwas Negatives sein. Wer will beurteilen, ob Beziehungen
immer locker und leicht sein sollen? Lernen wir nicht alle aus dem,
was schwierig, problematisch, unangenehm ist? Und das bedeutet
ja auch keineswegs, dass Sie mit einem derartigen Partner nicht
auch Ihr Glück finden.

Nur Folgendes sollten Sie wissen: Diese Beziehung braucht Kraft und
Mut. Sie ist keine Angelegenheit, die so nebenbei läuft. Sie müssen
sich immer wieder auseinandersetzen, zueinanderfinden, Ihre Un-
terschiede betonen und dennoch kompromissbereit sein.

Und Sie dürfen eins niemals vergessen: Sie sind diese Beziehung frei-
willig eingegangen, Sie können sie notfalls auch wieder beenden. Es
ist Ihre immer wieder neue Entscheidung (und natürlich auch die
Ihres Partners), ob Sie zusammenbleiben wollen. Sie müssen sich
nicht bis zur Selbsterschöpfung aufreiben.

Die beiden Tierkreiszeichen Stier und Steinbock sind dem Abschnitt Fische sehr nah. Lediglich ein einziger Abschnitt des Zodiaks liegt jeweils zwischen ihnen. Von daher darf man erwarten, dass es sich bei einem Stier- oder Steinbockpartner um jemanden handelt, der ähnlich ist, die gleichen Anschauungen hat und so denkt und fühlt wie man selbst. Es ist ungefähr so, als würde man jemanden kennenlernen, der in unmittelbarer Nachbarschaft wohnt, in dieselbe Schule geht oder im selben Betrieb arbeitet.
Trotzdem unterscheidet sich dieser Mensch von Fischegeborenen in einem wesentlichen Punkt: Der Fisch ist vom Element her Wasser; Stier bzw. Steinbock jedoch sind Erdzeichen.
Insofern teilen Fische mit ihnen viel Ähnliches und Verwandtes,

aber es gibt auch mehr als genügend Unterschiedliches, so dass es sehr reizvoll ist, einander näher kennenzulernen. Und der Astrologie zufolge gehören diese Beziehungen zu den bestmöglichen!

Was die Sterne über Fische und Stier sagen

Typische Stiere und waschechte Fische verstehen sich in der Regel gut, denn beide schätzen eine friedvolle Atmosphäre und fördern sich gegenseitig.

Wie gesagt sind Fische ein Wasserzeichen, und dem Stier ist das Erdelement zugeordnet. In dieser Kombination bringt der Fischegeborene dem Stier das Wasser, das Seelentiefe repräsentiert. Umgekehrt gibt der erdhafte Stier seinem Fischepartner »Land«, einen Halt, eine Orientierung. Hinzu kommt, dass Fische als letztes Zeichen im Zodiak so etwas wie ein liebevolles Wohlwollen gegenüber dem Stier hegen, der – nach der Symbolik des Tierkreises – noch so viele Stationen der »kosmischen Reise« vor sich hat, was keineswegs abwertend gemeint ist. Der Stier verkörpert eine Erinnerung aus der Vergangenheit des Fischegeborenen, die sein Herz erfreut, ihm aber auch eine gewisse Bodenständigkeit vermittelt, so dass er sich nicht im Ungewissen zu verlieren droht. Der Stier wiederum erkennt – zumindest in einer positiven Beziehung – in gewissen Geisteshaltungen des Fischepartners ein fernes Ziel, das er einmal erreichen wird, was allerdings nicht bedeuten soll, dass er den Fischen unterlegen ist.

Zum Problem kann die geringe Spannung werden, die in dieser Partnerschaft herrscht. Daher muss man immer wieder dafür sorgen – mit einer Reise, dem Kontakt mit anderen Menschen –, dass diese wunderschöne Beziehung nicht einschläft.

Was die Sterne über Fische und Steinbock sagen

Symbolisch gesprochen, findet in dieser Kombination, ähnlich wie in der Fische-Stier-Verbindung, das Wasser die Erde und damit ein Ufer, einen Halt, Sicherheit, ein Zuhause. Umgekehrt trifft die Erde das Wasser, sie stillt ihren Durst, wird weich und fruchtbar.

Tatsächlich ergänzt sich ein Paar mit den Tierkreiszeichen Fische und Steinbock in wunderbarer Weise. Man findet, was einem selbst am meisten fehlt: dem Steinbock das Seelische (Wasser), dem Fischegeborenen das Feste (Erde). Darüber hinaus sind typische Vertreter beider Zeichen Einzelgänger. Bevor sie sich in einer »Zwangsgemeinschaft« gegenseitig nervten, bliebe jeder lieber solo. Aber in dieser Kombination respektiert der eine die Eigenart und die Grenzen des anderen. Man findet also endlich ein »Du«, ohne sein »Ich« einschränken zu müssen.

Diese zwei Menschen können zu einer gefühlvollen und erfüllenden Liebe gelangen, die auf gegenseitigem Respekt fußt. Ihre konträren Naturen eröffnen einander neue Horizonte. Die verschiedenartigen Erfahrungen, die jeder mitbringt und immer wieder neu macht, liefern viel anregenden Gesprächsstoff.

Das kleine Liebesgeheimnis

Wenn Sie mit dem Sternzeichen Fische einen Stier oder einen Steinbock kennen, haben Sie einen für Sie idealen Partner gefunden. Sie werden sich prima verstehen, und Sie haben einen Menschen an Ihrer Seite, auf den Sie sich verlassen können. Ihr Partner ist vom Element her Erde, während Sie selbst ein Wasserzeichen sind. Erde und Wasser, so heißt es in der Astrologie, ergänzen sich bestens. Im Alltag werden Sie dies als Fröhlichkeit und Glück erleben.

Gelegentlich aufkommende Langeweile oder Disharmonien können Sie immer aus der Welt schaffen, indem Sie gemeinsam etwas unternehmen. Aber Sie sind »Freunde«, vergessen Sie das nie! Freunde versuchen sich nicht zu gängeln und auch nicht zu betrügen. Solange Sie diese Spielregel beachten, leben Sie in einer glücklichen Partnerschaft, die durch Kinder noch stabiler und erfüllter werden wird.

(Nicht immer) gute Nachbarn:
Fische und Widder · Fische und Wassermann

Die beiden Tierkreiszeichen Widder und Wassermann liegen auf dem Zodiak unmittelbar neben dem Fischeabschnitt. Von daher erwartet man vielleicht, dass man sich – wie es bei »richtigen« Nachbarn auch sein sollte – wunderbar versteht.

Einerseits trifft das sicher zu: Die Kombination von nebeneinanderliegenden Tierkreiszeichen ist tatsächlich häufig, und diese Beziehungen sind oft sehr befriedigend. Beide Partner haben das Gefühl, dass sie zueinander gehören, und fühlen sich, wenn sie sich kennenlernen, sehr schnell vertraut – so als wären sie uralte Bekannte, vielleicht sogar noch mehr, Geschwister zum Beispiel.

Aber das ist nur die eine Seite der Medaille. Wie es bei besagten »richtigen« Nachbarn oder Geschwistern bekanntermaßen auch vorkommt, entsteht schnell das Gefühl von Konkurrenz, Neid und Eifersucht. Es ist, als müsste sich jeder dem anderen gegenüber behaupten und besser, unabhängiger, liebevoller oder sonst was sein. Insbesondere die Unterschiede werden dabei zu stark hervorgehoben. Solche Differenzen bestehen ja in der Tat, aber sie sind etwas ganz Normales. Denn bei den Fischen handelt es sich um ein Wasserzeichen, während die beiden Nachbarn den Elementen Feuer (Widder) bzw. Luft (Wassermann) zugeordnet sind.

Man ringt also um Abgrenzung und Individualität: Bei Geschwistern entwickelt man sich ab einem bestimmten Alter auseinander, aber keineswegs, weil man sich nicht mehr liebt, sondern weil man eigene Wege gehen muss und zu viel Nähe und Vertrautheit einen daran hindern würden. Ähnliches kann in einer Partnerschaft geschehen. Zwei Vertreter von Tierkreiszeichen, die nebeneinanderliegen, können zuweilen sogar recht niederträchtig miteinander umspringen. Hier gilt es, beizeiten zu lernen, sein Bedürfnis nach Abgrenzung auf positive Weise auszuleben. Denn nur dann, wenn man seine Individualität pflegt, ohne den anderen zu diskriminieren, gibt es eine glückliche Zweisamkeit, die Bestand hat.

Was die Sterne über Fische und Widder sagen

Der Fischegeborene verfügt über Empfindsamkeit und Einfühlungsvermögen im Überfluss. Seine Liebe gilt selten nur einem einzigen Menschen, was eine Beziehung mit ihm sehr schwer und oft auch leidvoll macht. Der Widder seinerseits ist ebenfalls kein Kostverächter. Trotzdem wirft er dem anderen gegebenenfalls Treulosigkeit vor, und zwar deswegen, weil er, der Widder, seine Eskapaden öffentlich durchzieht, Fische jedoch zu Heimlichkeiten neigen.

Aber das ist nur einer der zahlreichen Widersprüche und Unterschiede. Obwohl sie im Tierkreis unmittelbar nebeneinanderliegen und sich sehr vertraut sind, trennen sie auf der anderen Seite Welten. Mit dem Widder beginnt der Zodiak, mit den Fischen endet er. Tatsächlich leben auch Widdermenschen mit der Grundstimmung, dass sie sich in dieser Welt behaupten müssten, dass es darum gehe, sich einzubringen, etwas zu erreichen, sich einen Namen zu machen. Fische hingegen sehen dies alles wesentlich lässiger und distanzierter. In ihnen keimt darüber hinaus ein Wissen darüber, dass all dies, wofür sich der Widder abplagt und abstrampelt, für sie längst gegessen ist.

Das kann einerseits natürlich unglaublich reizvoll sein, beide betreten beim jeweils anderen Räume, die sie nicht kennen. Aber es ist auch unglaublich nervenaufreibend und im ungünstigen Fall regelrecht destruktiv. Kraftvoll und kreativ kann sich eine Beziehung zwischen zwei so unterschiedlichen Zeichen dann entwickeln, wenn ein Gleichgewicht zwischen dem unermüdlichen Tatendrang des Widders und der schöpferischen Welt der Fische gefunden wird.

Was die Sterne über Fische und Wassermann sagen

Typische Wassermänner und waschechte Fische sind sich beinahe so ähnlich wie ein Schuh dem anderen – und dennoch so unterschiedlich wie der Himmel und das Meer. Ihre größte Gemeinsamkeit ist, dass sie beide »Weltenflüchter« sind.

Den Wassermann zieht es fort vom Durchschnitt, von der Masse, weg von Herrn Jeder- und Frau Biedermann. Sein Ziel: irgendwo in einem Schloss mit Gleichgesinnten zu thronen und einem neuen Egokult zu huldigen. Der Fischegeborene will ebenfalls raus aus der Alltagswelt, aber da hat sich's auch schon mit der Gemeinsamkeit. Er ist nicht so extravertiert wie der Wassermann, sondern will lieber an irgendeinem Ort unerkannt und unauffällig »vor sich hin dümpeln«. Ein Klosterszenario schwebt seiner sensiblen Seele noch am ehesten vor: unter Brüdern bzw. Schwestern ein einfaches, »egoloses« Leben führen. Der Wassermann glaubt an das Paradies hier und jetzt, der Fischegeborene bestenfalls an eines »danach«.

Lebt man zusammen, wirft man sich im negativen Fall gegenseitig – bewusst oder bewusst – den Verrat »an der Idee« vor. Der Fischepartner hält den Wassermann für dünkelhaft, der wiederum den anderen für bieder. Kommt man in Liebe zusammen und mischt jeder sein Naturell freiwillig mit dem des anderen, entsteht eine Essenz aus Wasser (Fische) und Luft (Wassermann), die bestem prickelndem Champagner sehr ähnelt.

Das kleine Liebesgeheimnis

Mit einem Widder- oder Wassermannpartner haben Sie als Fischegeborene(r) einen wunderbaren Menschen an Ihrer Seite: Seine Welt ist Ihnen vertraut, er ist wie ein guter Bruder oder eine liebevolle Schwester zu Ihnen, er wird auf Sie aufpassen und Ihnen das Gefühl von Geborgenheit schenken; und genauso verhalten Sie sich umgekehrt ihm gegenüber.

*Sie müssen aber wissen, dass Sie sich unter Umständen **zu** nahe sind, weswegen sich Ihre Unterschiede nicht richtig entfalten können. Eine derartige Beziehung geht nur dann gut, wenn Sie sich Ihre natürliche Verschiedenheit zugestehen und trotz Ihrer großen Nähe immer wieder ganz andere Wege gehen. Kultivieren Sie Ihren Unterschied! Lassen Sie nicht zu, dass Sie sich noch ähnlicher werden! Unternehmen Sie immer wieder einmal etwas allein. Das hilft Ihrer Liebe.*

Wenn es zu Konflikten kommt, ist es wichtig, dass Sie Differenzen herausarbeiten und sie sich auch gegenseitig zugestehen.

Ich liebe … »mich«: Fische und Fische

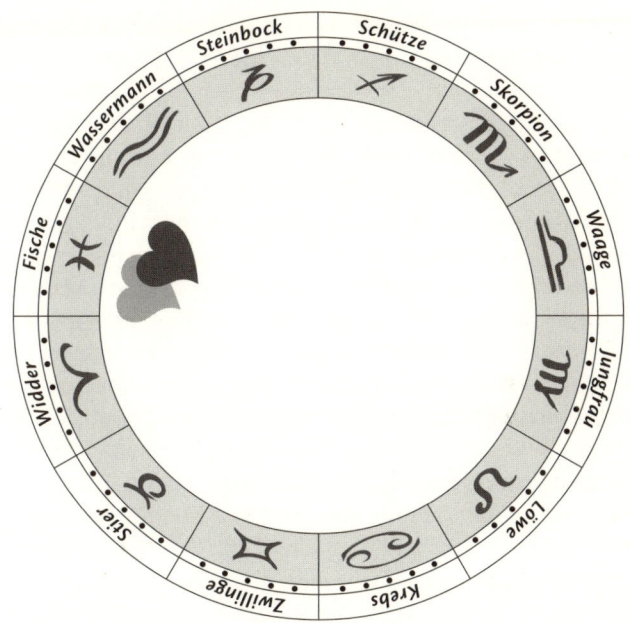

Eine Beziehung zwischen Menschen mit dem gleichen Tierkreiszeichen ist so eine Geschichte für sich. Zum einen hat man seinen »Zwillingsbruder« bzw. seine »Zwillingsschwester« gefunden, und man kennt den anderen wie sich selbst. Man ist sich vertraut, denkt, fühlt, handelt genauso, und das kann wunderschön sein. Manchmal versteht man sich sogar ganz ohne Worte. Beim Thema Sex zum Beispiel scheint der andere genau die Wünsche zu erraten, die man selbst immer träumt.

Auf der anderen Seite kann man sich auch *zu* ähnlich sein. Menschen haben nicht nur ein Bedürfnis nach Nähe, Ähnlichkeit und Verständnis, sondern auch nach Individualisierung, nach Abgrenzung, nach dem Anderssein. Und genau dieses Bedürfnis »stört« in Beziehungen mit dem gleichen Tierkreiszeichen normalerweise früher oder später die Liebe. Es kommt dann zu der paradoxen Situation, dass zwei Menschen, die sich im Grunde eigentlich so gleichen wie ein Ei dem anderen, plötzlich ihre Unterschiede betonen, als kämen sie von zwei verschiedenen Planeten.

Wozu sollte man dann eine derartige Beziehung überhaupt eingehen? Nun, wie gesagt hat man ja erstens oft gar keine andere Wahl, weil das Herz (Gott sei Dank!) allemal stärker ist als irgendwelche Theorien. Und zweitens ist eine Beziehung mit einem Menschen desselben Tierkreiszeichens sehr wohl ein Gewinn. Infolge der ständigen Auseinandersetzung mit dem »Doppelgänger« kann man nämlich damit beginnen, seine eigenen Qualitäten stärker zu erleben. Das ist insbesondere für diejenigen wichtig, die ihre Stärken und Schwächen nicht richtig kennen. Genauso bedeutsam ist ein anderer Aspekt: Wer einen Partner mit demselben Tierkreiszeichen liebt, kommt vielleicht auf diesem Weg auch zur Liebe zu sich selbst.

Was die Sterne über Fische und Fische sagen

Zwei typische Fische können durchaus gute Freunde werden. Aber für eine partnerschaftliche Gemeinschaft fehlt der Kontrapunkt, die Herausforderung. Daher ist diese Kombination äußerst selten.

Das kleine Liebesgeheimnis

Eine Beziehung zweier Menschen mit demselben Tierkreiszeichen wird in aller Regel nach einer anfänglichen Phase kolossaler Euphorie mit Schwierigkeiten konfrontiert. Es geht dann darum, das Gemeinsame und das Unterschiedliche auseinanderzuhalten und sich nicht in extremen Positionen zu verlieren. Für eine derartige Beziehung ist es besonders wichtig, Unterschiede wohlwollend zu akzeptieren und sich gegenseitig möglichst viele Freiräume zuzugestehen. Ganz falsch wäre es allerdings, wenn die Partner versuchten, noch mehr Ähnlichkeiten herzustellen, zum Beispiel indem sie miteinander arbeiten oder jede freie Stunde gemeinsam verbringen.

Die Fische und ihre Gesundheit

Seit über zweitausend Jahren existiert eine systematische astrologische Gesundheitslehre, und bis weit über das Mittelalter hinaus bedienten sich die meisten Ärzte dieser Systematik, um Krankheiten zu diagnostizieren und zu heilen. Ein guter Arzt war früher immer auch ein Astrologe. Seine Diagnose und Behandlung richteten sich nach den Sternen. Nie wäre einem damaligen Medicus eingefallen, einen Eingriff am Körper vorzunehmen, ohne die Konstellation der Sterne zu konsultieren. Erst im Zusammenhang mit dem in der Einleitung erwähnten Niedergang der Astrologie ab dem 16. bzw. 17. Jahrhundert trennte sich die Medizin von der Astrologie. In jüngster Zeit allerdings beginnen immer mehr ganzheitlich denkende Ärzte, sie wieder mit einzubeziehen, wenn es um Vorbeugung, Diagnose und Behandlung geht – und die Erfolge geben ihnen recht. Dass man zum Beispiel Operationen oder Zahnextraktionen besser bei abnehmendem Mond vornimmt, ist heute eine weitverbreitete Erkenntnis, was nicht nur viele Patienten wissen, sondern auch immer mehr Ärzte berücksichtigen. Ebenso findet die allgemeine astrologische Gesundheitslehre, wonach jedem Sternzeichen bestimmte Krankheitsdispositionen zugeordnet werden, bei immer mehr Menschen Beachtung. Ich bin überzeugt von ihr. Wer sich nach ihr richtet, bleibt länger gesund, jung, dynamisch und unterstützt bei einer Krankheit ohne Zweifel den Genesungsprozess.

Die Schwachstellen von Fischegeborenen

Die Astrologie sagt, Fische hätten ein schwaches Immunsystem und seien daher für Infektionserkrankungen besonders anfällig. Auch Allergien machten ihnen zu schaffen. Besonders gefährdet seien darüber hinaus die Füße. Entsprechend besteht bei ihnen eine Neigung zu Fußerkrankungen und -verletzungen, fiebrigen

Erkrankungen, Suchtproblemen, Allergien, Asthma und Heuschnupfen. Tatsächlich bekommen Fische mehr als andere im Herbst und Winter grippale Infekte. Im Frühjahr oder Sommer leiden viele von ihnen unter Allergien, zum Beispiel eben dem Heuschnupfen.

Ihr Immunsystem und die Füße sind also ihre Schwachstellen. In der Medizin spricht man von einem Locus minoris Resistentiae, einem »Ort des geringeren Widerstands«. Eigentlich aber handelt es sich dabei nicht um eine Schwach-, sondern um die stärkste Stelle ihres Seins. Denn mit ihrer Hilfe bewältigen Fischegeborene vornehmlich ihr Leben: Über die Füße verbinden sie sich mit der Erde und bekommen so sicheren Halt, und ihre große Empfindlichkeit wiederum hilft ihnen, Gefahren rechtzeitig zu erkennen. Nachdem jedoch ihre Loci minoris Resistentiae generell bevorzugte Medien der Lebensbewältigung sind, werden sie entsprechend strapaziert – und schnell auch überstrapaziert. Fische müssen sich deshalb ganz besonders um sie kümmern, sie hegen und pflegen.

Grundsätzlich sind Fische natürlich nicht gegen all die übrigen Krankheiten gefeit. Aber der Ursprung bzw. die Ursache einer jeden Erkrankung – und das ist der springende Punkt – wird sich immer auf eine Störung im Zusammenhang mit ihren astrologischen Problembereichen zurückführen lassen. Hier nimmt jedes ihrer Leiden seinen Anfang. Dazu bedarf es einer Erklärung, die tiefer in die Materie eintaucht.

Alles ist mit allem verbunden

Als letztes Sternzeichen haben Fische in gewisser Weise ihre irdische Existenz erfüllt. Das bedeutet beileibe nicht, dass sie keinen Spaß hier auf Erden hätten. Im Gegenteil, Fische können die fröhlichsten und lustvollsten Geschöpfe sein. Aber das alles ist ihnen letztendlich nicht wichtig. Sie können es leben, aber auch genauso gut lassen. Inschallah! Dafür öffnet sich ein Spalt in eine andere, in eine transzendente Welt. Fische haben von allen Sternzeichen am ehesten an ihr teil. In dieser anderen Welt ist alles mit allem verbunden. Es gibt kein Ich und kein Du, keine Zeit und keinen bestimmten Raum. Ein bisschen ähnelt diese Welt den Träumen.

Und jetzt sind wir bei der sogenannten Abwehrschwäche, die aus dieser Perspektive betrachtet das genaue Gegenteil einer Schwäche ist: Bei Fischen ist die Trennung zwischen ich und du, drinnen und draußen, Himmel und Erde nicht so fest ist wie bei anderen Menschen. Wie soll sie auch?

Der Fisch hat am Größten teil, was überhaupt existiert. Er ist dem Transzendenten nah. Wenn man so will, kann man sagen, er sei mit Gott verbunden. Aber diese Öffnung »nach oben« hat eben ihren Preis.

Fische müssen daher lernen, sich zu schützen, ohne die Tür ganz zu schließen. Es gibt nämlich Vertreter dieses Tierkreiszeichens, die aus Angst sämtliche Verbindungen zum Transzendenten gekappt haben. Aber an seiner Aufgabe und Bestimmung vorbeizuleben hat noch nie Glück gebracht. Es macht krank.

Auf der Erde sein, ohne Spuren zu hinterlassen

Der Mensch hat normalerweise nur eine sehr unbewusste und unbestimmte Vorstellung von seinen Füßen. Solange sie nicht schmerzen, bleiben sie am Rande der Wahrnehmung. Erst wenn man die Aufmerksamkeit auf sie richtet, erahnt man, welch unglaublich wichtige Aufgabe ihnen obliegt: Sie tragen den Menschen, geben ihm Halt und verbinden ihn mit der Erde. Aber diese Verbindung ist nicht fest wie bei einem Baum, der mit der Erde für immer verwurzelt ist. Die Füße geben beides, Stand und Bewegung, sie schenken Sicherheit und Weite. Mit den Füßen beginnt der Mensch sein eigenes Leben. Er kommt zwar mit dem Kopf voraus auf die Welt, aber erst wenn er seine eigenen Füße gebrauchen kann, verliert er seine unmittelbare Abhängigkeit. Dabei ist dieser Prozess des Selbständigwerdens niemals abgeschlossen. Wenn wir einmal gehen können, verlassen wir irgendwann unser Elternhaus, »betreten Neuland«, um dort dann »Fuß zu fassen«. Wenn wir uns verlieben, müssen wir »beim Partner ankommen«. Irgendwann werden wir »Fuß voran aus dem Haus getragen«.

Und wer weiß, ob wir nicht dann erneut »Fuß fassen müssen«, dieses Mal in einer ganz anderen Wirklichkeit.

Es ist paradox: Füße verrichten eine wichtige Funktion und führen dennoch ein Dasein im Unbestimmten, beinahe Unbewussten. Sie üben ihre Funktionen aus, ohne sich groß bemerkbar zu machen.

Für Fischegeborene spielt das Thema »Fuß fassen« eine besonders zentrale Rolle. Zum einen fühlen sie sich in aller Regel nicht gebunden an ein bestimmtes Fleckchen Erde und bezeichnen ähnlich Globetrottern oder Kosmopoliten eher die ganze Welt als ihr Zuhause. Zum anderen sind sie bindungsloser als Vertreter anderer Tierkreiszeichen. Beziehungen genauso wie feste Jobs erleben sie schnell als »Fußangeln«. Drittens begegnen sie neuen Situationen vorsichtig und ängstlich und bekommen – wie es der Volksmund nennt – schnell »kalte Füße«.

Fischegeborene haben also Probleme mit dem Fußfassen. Sie haben zu wenig oder – ihrer Meinung nach – zu viel »Fußkontakt«. Dieses psychische Problem manifestiert sich zuweilen tatsächlich auf der körperlichen Ebene als Fußprobleme: Brüche, Verstauchungen, Verletzungen, Entzündungen oder Hauterkrankungen. Bei einem typischen Fischegeborenen, der über Fußbeschwerden klagt, kann man aus psychosomatischer Sicht rückschließen, dass er das Thema »Fußfassen« auf den Körper übertragen hat.

Dabei treten ernsthafte Probleme selten vor dem dreißigsten Lebensjahr auf. Aber es gibt zuvor bereits Anzeichen, etwa Träume, die mit den Füßen zu tun haben (nicht gehen können, schwere Schuhe anhaben, angewachsen sein), heiße oder kalte, stark schwitzende Füße oder Hautausschlag an den Füßen.

Einerseits zieht es Fische ans »Land«, sie suchen eine festen Halt, einen Stand – und genauso streben sie ins »Wasser«, suchen Hingabe, Auflösung und Allverbundenheit. Sie brauchen die Erde – sprich Verlässlichkeit und Dauer –, aber genauso ist sie ihnen verdächtig, und sie versuchen, ihr zu entfliehen. Es ist ihre Natur, keine großen Spuren auf der Erde zu hinterlassen. Tief in ihrer

Seele ahnen sie, dass dieser Aufenthalt hier nur ein Durchgangsstadium darstellt. Also warum sich anstrengen und große Taten vollbringen?

Wem das Bild der Fische in dieser Hinsicht zu gewöhnlich erscheint, dem ist der Vergleich mit einem Engel vielleicht lieber. Auch ein Engel berührt die Erde nur flüchtig und hinterlässt keine Spuren.

Vorbeugung und Heilen

Am Anfang jeder vorbeugenden Maßnahme und jeder Heilung steht bewusstes Erkennen. Einsicht veranlasst uns mit der Zeit dazu, eine bestimmte (falsche, ungesunde) Art zu leben in eine bessere (gesündere) zu ändern. Einsicht bedeutet aber auch noch mehr. Zwischen Erkenntnis und dem Körper besteht eine Verständigung. Wissen und Einsicht erhalten bzw. bewirken Gesundheit. Allein daran zu denken, dass eine besondere Veranlagung zu bestimmten Erkrankungen besteht, verändert nicht nur das Verhalten, sondern auch die entsprechenden Körperfunktionen.

Einsicht schließt auch ein Verstehen körperlicher und psychosomatischer Zusammenhänge ein. Wenn man versteht, wie der Organismus funktioniert, und nachvollziehen kann, wie es zu körperlichen und seelischen Krankheiten kommt, wird jeder Mensch verantwortlicher und bewusster leben.

Vom Sternzeichen ausgehend, sind Fische Menschen, die dem Leben »grenzenlos« begegnen, Festes und Starres meiden und sich von Unbestimmtem und Flüchtigem angezogen fühlen. Krankheiten und Störungen stehen daher mit jener Art der bevorzugten »Lebensbewältigung« im Zusammenhang. Diese Selbsterkenntnis ist auf dem Weg zu mehr Gesundheit und Vitalität der erste und wichtigste Schritt, den Fische vollziehen müssen.

Des Weiteren spielen ihre Füße eine bedeutsame Rolle, weil sie mit deren Hilfe ihren »Weg aufs Land« und damit ihre physische Erfüllung in diesem Leben bewerkstelligen sollen.

Fußreflexzonenmassage: Heilung durch die Füße

Auf der Haut der beiden Fußsohlen befinden sich Druckpunkte, die dem ganzen Körper entsprechen. Massiert man zum Beispiel den Druckpunkt Magen, dann regt man damit auch das Organ Magen an.

Es hat sich herausgestellt, dass Fische besonders gut auf diese Fußreflexzonenmassage reagieren. Daher sollten sie täglich wenigstens zehn Minuten ihre Füße massieren (lassen). Literatur dazu findet man reichlich in jeder gut sortierten Buchhandlung.

Sauna und Sport

Fischegeborene sollten regelmäßig (ein- bis zweimal die Woche) ihren Organismus dabei unterstützen, sich zu entschlacken. Am besten ist dafür die Sauna geeignet. Aber auch jeder Sport (zum Beispiel Jogging oder Kraftsport), der den Körper ins Schwitzen bringt, ist günstig. Dadurch werden Schadstoffe ausgeschieden, das Lymphsystem wird entlastet und der Körper durch Schwitzen und anschließende Flüssigkeitszufuhr belebt. Alle erwähnten Aktivitäten sollten aber nie unter dem Gesichtspunkt der Höchstleistung betrieben werden. Fischemenschen brauchen Zeit und das Gefühl, dass sie allmählich in eine Tätigkeit hineinwachsen. Sie sollten sich immer wieder selbst daran erinnern, dass sie sich durch ihr Leben behutsam und mit viel innerer Anteilnahme und Aufmerksamkeit bewegen.

Auf der anderen Seite sprechen Fische auch auf Reiztherapien besonders gut an. Bei Sauna, Bürstungen, abwechselnd kalten und heißen Wassergüssen wird der Organismus einer stärkeren Reizung ausgesetzt, um ihn regelrecht aufzuwecken.

Die Apotheke der Natur

Bei Fußbeschwerden reibe man die Füße täglich mit Johanniskrautöl ein. Auch bei einem vorübergehenden Schwächezustand ist dieses Öl hervorragend geeignet. Bei Asthma oder allgemeinen Atembeschwerden wird zu einer Teemischung aus Thymian- und Sonnentaukraut geraten. Zur Schleimverdünnung bei Asthma zeigen ebenso die Heilkräuter Huflattich, Senega-(Klapper-schlangen-)Wurzeln und Primula (Primeln, Schlüsselblumen) eine sehr gute Wirkung (übrigens heißt *primula* auf Latein eigentlich »erste [Blume des Frühlings]« …).

Die richtige Diät für Fische

Ganz generell sollten Fische auf ihre Ernährung achten, denn sie sind, wie mehrfach erwähnt, empfindlicher als andere. Kritische Nahrungsmittel wie Kaffee, Schwarz- und Grüntee sowie Fleisch sollten möglichst gar nicht oder nur in minimalen Mengen genossen werden. Wie viel Alkoholisches ein Fischemensch zu sich nehmen darf, ohne sich zu schädigen, muss jeder für sich selbst herausfinden.

Wenigstens zweimal im Jahr sollten Fische fasten. Das reinigt Körper und Seele und entschlackt. Der beste Zeitpunkt liegt ein paar Tage vor ihrem Geburtstag und dann wieder in der Skorpionzeit (24. Oktober bis 22. November). Bei einer Fastenkur ist es günstig, zuvor mit dem Hausarzt oder Heilpraktiker zu sprechen, um Risiken auszuschließen. Wer völlig gesund ist, braucht natürlich keinerlei Konflikte zu befürchten.

Die Fastenkur sollte etwa eine Woche dauern und bei abnehmendem Mond durchgeführt werden. Wichtig ist reichliche Flüssigkeitszufuhr (zwei bis drei Liter [Quell-]Wasser täglich). Trinken ist überhaupt ein wichtiges Heilmittel für Fische; sie sollten täglich für die Zufuhr einer ausreichenden Flüssigkeitsmenge sorgen (wozu natürlich nicht Kaffee, Tee oder Alkohol zählt).

Beruf und Karriere

Großes Mitgefühl und zu Hause im Unendlichen

Fischegeborene benötigen in aller Regel viel Zeit, bis sie den Beruf gefunden haben, der ihnen entspricht, den sie mögen und in dem sie dann auch etwas leisten. Bis sie auf ihn stoßen, ergreifen sie häufig Übergangslösungen wie Taxifahrer, Aushilfskellner, Statist im Theater, beim Film und Fernsehen. Es bringt auch überhaupt nichts, wenn Eltern auf ihre Fischekinder Druck ausüben oder verzweifeln, weil sie mit zwanzig oder vielleicht sogar mit dreißig Jahren immer noch keinen »richtigen« Beruf ausüben. Ein Fisch muss seinen Weg gehen. Er muss mit dem Strom schwimmen, der ihn trägt. Aus meiner Praxis weiß ich, dass Fische zum Teil erst mit vierzig und mehr Jahren *ihren* Beruf gefunden haben.

Es ist auch »typisch Fisch«, dass sie etwas anfangen und nicht zu Ende führen. Ja, es gehört meiner Erfahrung nach richtiggehend zum Fischenaturell. Wahrer Meister beim Berufewechseln ist ein mir bekannter Fisch, der als Krankenpfleger begann und schließlich Heilpraktiker wurde. Dazwischen studierte er Theologie (abgeschlossen), Pädagogik, Kunstgeschichte und Psychologie (abgeschlossen). Er war Taxifahrer, Hilfsarbeiter, Schauspieler und Gärtner.

»Fische« ist wie gesagt ein Wasserzeichen genau wie Krebs und Skorpion. Das Element Wasser symbolisiert in der Astrologie die Fähigkeit, mitzuschwingen, Gefühle und Stimmungen aufzunehmen und von ihnen berührt zu werden. Fischemenschen sind voller Mitgefühl mit der Schöpfung. Sie kommen an keinem Bettler vorbei, ohne ihm einen Euro zuzustecken, und an keinem Wurm, der sich krümmt.

Ich weiß, dass jetzt viele Fische – und auch Kenner von Fischen – protestieren und entgegnen werden, dass es mit der Empathie von Fischen so weit nicht her sei. Fische könnten auch ganz schön hart, abweisend und pampig sein. Stimmt! Aber das ist dann purer Selbstschutz. Fische sind derart sensibel, dass jedermann von ihnen alles bekommen könnte. Daher sagen sie zuweilen lieber gleich grundsätzlich nein, geben sich besonders cool, um erst gar nicht in Versuchung zu geraten. Dennoch, das ist der Grund, warum Fische wildfremde Menschen pflegen können, als wären sie ihre engsten Angehörigen. Sie fühlen sich mit allen Geschöpfen verbunden.

So ergreifen Fische Berufe, bei denen sie ihre Allverbundenheit leben können, ihr Mitgefühl für andere: Sie wachen an Krankenbetten, betreuen Insassen in Gefängnissen, helfen Drogenabhängigen oder schulen geistig Behinderte (der evangelische Theologe Friedrich von Bodelschwingh, Leiter der später sogenannten Bodelschwinghschen Anstalten in Bethel/Bielefeld, war beispielsweise ein Fisch). Dazu kommt ihr berühmter »sechster Sinn«, der schon erwähnt wurde. Nicht wenige Fische machen daraus ihren Beruf und werden »Medium«, Wahrsager oder Ähnliches (bekannte Medien waren der Hellseher Gérard Croiset und der berühmte Seher Edgar Cayce, beides Fischegeborene).

Aus einer ebenso geheimnisvollen Quelle schöpfen Fischemenschen die Gabe, Krankheiten und ihre Ursachen zu orten und zu heilen. Wegen dieser großen, natürlichen Heilkraft finden sich viele Fische unter Heilpraktikern, Naturärzten und Anhängern alternativer Behandlungsmethoden.

Eine weitere Domäne fischebetonter Menschen ist die Wissenschaft. Dort, wo es um abstrakteste Zusammenhänge geht, wo man den letzten Geheimnissen der Materie auf der Spur ist, wo das Denken in die Unendlichkeit des Weltraums dringt, greift Fischeenergie. Die größten Mathematiker, Physiker, Chemiker und Astronomen waren Fische: Der Physiker Albert Einstein entwickelte die Relativitätstheorie. Dem Chemiker und Fischegeborenen Otto Hahn, der in Zusammenarbeit mit Lise Meitner eine große Anzahl radioaktiver Elemente bzw. Isotope entdeckte, gelang die erste künstliche Kernspaltung. Die beiden Astronomen Nikolaus Kopernikus und Galileo Galilei bewirkten letztlich den

Sturz des zu ihrer Zeit gültigen Weltbilds, indem sie das bereits in der Antike entworfene heliozentrische System als richtig und damit die Sonne und nicht mehr die Erde als Mittelpunkt unseres Sonnensystems erkannten.

Von der Mathematik, Physik, Chemie oder Astronomie ist es nur ein kleiner Schritt zur Astrologie. Natürlich empfindet die weite Fischeseele beim Bild des kosmischen Raums als Reflexion menschlicher Geschicke Faszination. Vom Fisch Kopernikus weiß man, dass er auch Astrologe war. Einstein zeigte zumindest ein großes Verständnis für die Astrologie. Der Professor für Psychologie Hans Jürgen Eysenck, ebenfalls ein Fisch, führte vieldiskutierte astrologische Forschungen durch. Und zahlreiche bekannte Astrologen sind oder waren Fische: Morin de Villefranche, Robert Pelletier, Alfred Witte und Wolfgang Döbereiner.

Die Welt der Außenseiter

Es existieren zahlreiche Berufe »am Rande« der Gesellschaft. Dazu gehören so schillernde Tätigkeiten wie Zirkusartist, Jongleur, Schießbudenbesitzer oder Flohmarkthändler. Einige dieser Randberufe werden bevorzugt von Fischen ausgeübt. Sie spielen auch gern Theater und lieben es, in einer Filmcrew zu arbeiten. Hauptsache, der Job ist nicht regelmäßig. Lieber nehmen sie endlos viele Überstunden in Kauf, als dass sie jeden Morgen um die gleiche Zeit aufstehen und zu ihrem Büro trotten müssen. Die Welt des Films ist übrigens eine beliebte und attraktive Perspektive für jeden Fisch. Denn dort findet er die Möglichkeit, am Entstehen einer anderen Welt teilzuhaben, einer Scheinwelt sozusagen.

Außerdem sind Fische unglaublich künstlerisch talentiert. Ich bin überzeugt, dass in jedem großen Orchester deutlich mehr als ein Zwölftel Fische sitzt und dass genauso in jeder Kunstakademie mehr Fische als andere Tierkreiszeichen »werkeln«. Hier wenigstens die Namen von ein paar besonders begnadeten Fischegeborenen: die Schauspielerinnen Giuletta Masina, Elizabeth Taylor,

Liza Minnelli, Ursula Andress sowie Anna Magnani, der Maler, Bildhauer, Baumeister und Dichter Michelangelo Buonarroti, die Musiker Gioacchino Antonio Rossini, Johann Strauß (Vater), Georg Friedrich Händel und Frédéric Chopin, die Regisseure Pier Paolo Pasolini, Luis Buñuel und Bernardo Bertolucci und die Schriftsteller Erich Kästner, Joseph Freiherr von Eichendorff und Karl May.

Damit jetzt nicht der Eindruck entsteht, Fische könnten nur geistig oder künstlerisch tätig sein, seien wenigstens noch zwei Fische erwähnt, die etwas ganz anderes machten. Der eine ist Alan Greenspan, der langjährige Chef der amerikanischen Notenbank. Er galt lange Jahre als unbestrittener Dirigent aller Finanzmärkte. Aber auch bei ihm »schimmerte« der Fisch durch. Zumindest sagte er in einem TV-Interview über seine Arbeit: »Es ist wie Murmelspielen. Man darf sie bloß nicht zu ernst nehmen …!« Ob er deswegen so überaus erfolgreich war? Der andere ist Michail Gorbatschow, von 1990 bis 1991 Präsident der Sowjetunion, der durch seine Politik der *Glasnost* (»Offenheit«) und der *Perestroika* (»Umbau, Umbildung, Neugestaltung«) das Ende des Kalten Krieges einleitete. Er erhielt 1990 den Friedensnobelpreis.

Das Arbeitsumfeld und die Berufe

Wo arbeiten Fische am liebsten?

Fische arbeiten am liebsten dort, wo Einfühlungsvermögen und Intuition wichtig sind und Hilfe und Nächstenliebe eine Rolle spielen. Sie legen ebenfalls Wert auf Arbeitsfelder, bei denen dem Glauben Bedeutung zukommt. Auch alle künstlerischen Tätigkeiten und Berufe ziehen sie an. Darüber hinaus sind sie exzellente Wissenschaftler – besonders Mathematiker, Physiker, Astronomen und Astrologen. Sie sind geschickt bei sämtlichen Tätigkeiten, bei denen praktische Heilmaßnahmen erfolgen. Wegen ihrer außergewöhnlichen Intuitionskraft werden sie auch großartige Schriftsteller, Redner, Politiker. Ein beliebtes Gebiet für Fische sind die Herstellung, der Vertrieb und der Verkauf von Drogen und Arzneien aller Art. Sie sind geduldige und einfühlsame Lehrer. Zu finden sind Fische auch in Bereichen, in denen Getränke hergestellt, vertrieben und verkauft werden.

Berufe der Fische

A/B (Angestellter/Beamter) Justizverwaltung, A/B Sozialversicherungsanstalten, A/B Strafvollzugsdienst, A/B Wetterdienst, Anwendungsprogrammierer, Apotheker, Archivar, Arzthelferin, Astrologe, Astronom, Astrophysiker, Berufe in Umweltorganisationen, Bibliothekar, Biochemiker, Biotechniker, Bürogehilfe, Chemielaborant, Chemiker, chemisch-technischer Assistent, Chemotechniker, Datenverarbeitungskaufmann, Diakon, Dipl.-Ing. der Fachrichtung Chemie, Dipl.-Ing. in der Konstruktion, Diplom-Psychologe, Diplom-Physiker, Diplom-Sozialarbeiter, Dorfhelferin, EDV-Organisator, Entwicklungshelfer, Ethnologe, Facharzt für Allgemeinmedizin, Facharzt für Chirurgie, Fachlehrer, Familienpfleger, Fußpfleger, Gartenbauarchitekt, Gärtner, Gewerkschaftsfunktionär, Hebamme, Heilerziehungspflegehelfer, Heilerziehungspfleger, Heilpädagoge, Heimerzieher, Heimleiter, Jugendpfleger, Kernphysiker, Kindergärtnerin, Kinderkrankenschwester, Kinderpflegerin, Kosmetiker, Krankengymnast, Krankenpflegehelfer, Krankenpfleger, Krankenschwester, Kunsterzieher, Kunsthistoriker, Lebensmittelchemiker, Lehrer in der Erwachsenenbildung, Masseur, medizinisch-technische Assistentin (MTA), medizinischer Bademeister, Meteorologe, Museumswärter, Notar, Ozeanograph, pädagogischer Assistent, Philologe, Philosoph, Physiklaborant, physiologischer Chemiker, Politologe, Psychotherapeut, Religionswissenschaftler, Schriftsteller, Sekretärin, Sonderschullehrer, Sozialwissenschaftler, Theologe, Tierarzt, Tierpräparator, veterinärmedizinische Assistentin, Zahnarzt, Zahnarzthelferin, Zoologe, Zukunftsforscher.

Test: Wie »fischehaft« sind Sie eigentlich?

In diesem Test kann man erfahren, wie fischehaft man als Fische-geborener ist. Man gehe dabei folgendermaßen vor: Möchte man eine Frage mit einem Ja beantworten, soll man jeweils die Zahl ankreuzen. Wenn man also gern Testfahrer wäre, kreuzt man die Zahl 1 an (ein Nein wird nicht notiert).

	+	−
Wären Sie gern Testfahrer?	1	
Arbeiten Sie gern nach eigenem Rhythmus?	2	
Halten Sie sich eher an den Grundsatz »Lieber zweimal fragen, als einmal etwas falsch machen«?	3	
Sind Sie gern unter Menschen?	4	
Möchten Sie in einem Restaurant die Gäste empfangen und an den Tisch begleiten?	5	
Sagen Sie gern anderen, was sie tun sollen?	6	
Würden Sie gern allein in einer Wetterstation arbeiten?	7	
Möchten Sie mit schwierigen Kindern und Jugend-lichen Gespräche führen?	8	
Möchten Sie gern schwerkranke Menschen betreuen?	9	
Ist es Ihnen egal, was Sie arbeiten, Hauptsache, das Geld stimmt?	10	
Möchten Sie Nachrichtensprecher beim Fernsehen sein?	11	
Können Sie gut warten?	12	
Ist Ihnen Harmonie wichtig?	13	
Möchten Sie als Animateur andere Menschen unterhalten?	14	

	+		−
Stehen Sie gern in der Öffentlichkeit?		15	
Möchten Sie Falschparkern einen Strafzettel geben?		16	
Möchten Sie Post durch die Frankiermaschine laufen lassen?		17	
Möchten Sie mit Menschen vertrauliche Gespräche führen?		18	
Unterhalten Sie andere Leute gern?		19	
Möchten Sie als Mediziner an toten menschlichen Körpern experimentieren?		20	
Könnten Sie von der Hand in den Mund leben?		21	
Interessieren Sie sich für Äußerlichkeiten?		22	
Mögen Sie Liebesfilme?		23	
Führen Sie gern technische Berechnungen durch?		24	
Wären Sie gern ein Entdeckungsreisender oder ein Forscher?		25	
Können Sie sich leicht umstellen?		26	
Möchten Sie auf einer Bühne stehen?		27	
Möchten Sie Wunden verbinden?		28	
Können Sie leicht Noten verteilen?		29	
Möchten Sie gern Kinder betreuen?		30	
Halten Sie Gefühle für wichtiger als den Verstand?		31	
Können Sie leicht aus sich herausgehen?		32	
Liegt Ihnen das Wohlergehen anderer am Herzen?		33	
Sind Sie gern Gastgeber?		34	
Betreuen Sie gern Kranke?		35	
Sind Sie gern Lehrer?		36	

	+		−
Möchten Sie bei Katastropheneinsätzen mithelfen?		37	
Gehen Sie gern und häufig aus?		38	
Möchten Sie Menschen beraten?		39	
Möchten Sie Schaufenster dekorieren?		40	
Möchten Sie gefährliche Chemikalien transportieren?		41	
Denken Sie gern über das Leben nach?		42	
Treiben Sie gern Sport?		43	
Möchten Sie ein Buch über menschliche Sexualität schreiben oder verlegen?		44	
Würden Sie gern Astronaut sein?		45	
Schließen Sie leicht Kontakt?		46	
Möchten Sie gern Reporter sein?		47	
Übernehmen Sie gern Verantwortung?		48	
Würden Sie gern Fotomodell sein?		49	
Können Sie leicht bei einer Sache bleiben?		50	
Summe	___	___	___

Auswertung

Schreiben Sie immer dann ein Plus (+) links neben die Zahl, wenn Sie die Nummern 2, 7, 8, 9, 12, 18, 21, 23, 26, 28, 31, 33, 35, 42, 45 angekreuzt haben (maximal fünfzehnmal ein Plus).

Tragen Sie immer ein Minus (–) neben der Zahl ein, wenn Sie die Nummern 3, 5, 6, 14, 15, 19, 22, 29, 38, 46 angekreuzt haben (maximal zehnmal ein Minus).

Ziehen Sie die Anzahl der Minus- von der Anzahl der Pluszeichen ab. Die Differenz ist Ihr Testergebnis.

Interpretation

Ihr Testergebnis beträgt 6 oder mehr Punkte: Sie sind eine hundertprozentige Fischepersönlichkeit. Alles, was in diesem Buch über die Natur Ihres Tierkreiszeichens geschrieben steht, trifft mehr oder weniger auf Sie zu. Sie sind sozial, gefühlvoll, einsichtig, mitfühlend, freiheitsliebend und tiefgründig, Sie sind aber auch ein Einzelgänger. Vor allem sind Sie ein mystischer Mensch, der allem Vordergründigen, Seichten und Oberflächlichen grundsätzlich skeptisch gegenübersteht.

Ihr Testergebnis liegt zwischen 2 und 5 Punkten: Bei Ihnen ist das Fischenaturell gedämpft. Wahrscheinlich haben Sie einen Aszendenten, der die Qualität Ihrer Fischepersönlichkeit in eine andere Richtung lenkt. Oder Ihr Mond hat diese Wirkung. Für Sie ist es daher interessant, die Stellung Ihres Mondes und Ihren Aszendenten im zweiten Teil dieses Buches kennenzulernen. Es kann aber auch sein, dass Sie durch frühere Erfahrungen dazu veranlasst wurden, Ihr Fischenaturell abzulehnen. Dann ist es besonders wichtig, dass Sie sich damit wieder anfreunden und es mehr zulassen.

Ihr Testergebnis beträgt weniger als 2 Punkte: Sie sind eine untypische Fischepersönlichkeit. Wahrscheinlich haben Sie einen Aszendenten, der sich völlig anders als das Fischeprinzip deuten lässt, oder Ihr Mond steht in einem solchen Zeichen. Es wird sehr spannend für Sie sein, dies im zweiten Teil des Buches herauszufinden. Sie haben es aber im Laufe Ihres Lebens womöglich auch für nötig befunden, Ihre Fischeseite abzulehnen und zu verdrängen. Es ist daher Ihre Aufgabe, sich mit diesem Teil Ihrer Persönlichkeit wieder anzufreunden: Sie sind zu einem großen Teil ein »Geschöpf des Wassers«, das seine Erfüllung im Erfühlen und Erfüllen findet und durch praktische wie geistige Hilfe über sich selbst hinauswächst.

Teil II
Die ganz persönlichen
Eigenschaften

Der Aszendent und die Stellung von Mond, Venus & Co.

Vorbemerkung

In Teil I wurde erläutert, wie man zu dem »Sternzeichen« Fische kommt, nämlich dadurch, dass die Sonne zum Zeitpunkt der Geburt in diesem Abschnitt des Tierkreises stand. Nun gibt es in unserem Sonnensystem bekanntlich noch andere Himmelskörper, von denen der Erdtrabant Mond und die Planeten für die Astrologie bedeutsam sind. Sie alle haben ebenfalls entsprechend ihrer Stellung bei einer Geburt eine spezifische Aussagekraft. Obendrein spielen auch noch der Aszendent, die astrologischen Häuser und weitere Faktoren eine Rolle. Alles zusammen ergibt ein Horoskop.

Dieses Wort hat seine Wurzeln im Griechischen und heißt so viel wie »Stundenschau«, weil ein Horoskop auf die Geburtsstunde (eigentlich Geburtsminute) genau erstellt wird. Es ist also eine – in Zeichen und Symbole übersetzte – Aufnahme der astrologischen Gestirnskonstellationen zum Zeitpunkt einer Geburt. Es spiegelt die vollständige Persönlichkeit eines Menschen wider.

Im Folgenden werden die neben der Sonne wichtigsten Größen eines Horoskops gedeutet: Aszendent, Mond, Merkur, Venus, Mars, Jupiter und Saturn. Sie können mit Hilfe des Geburtstags und der Geburtszeit ihre Position im Tierkreis ermitteln und dann die jeweilige Bedeutung kennenlernen. Die Interpretation dieser Horoskopfaktoren ist manchmal vom Sonnenzeichen des oder der Betreffenden abhängig, im Großen und Ganzen jedoch nicht. Entsprechend finden Sie in den verschiedenen Bänden dieser Buchreihe in der jeweiligen Beschreibung die gleichen oder ähnliche Aussagen.

Auf der anderen Seite ist es wichtig, zu verstehen, dass die Interpretation einer einzelnen Größe wie zum Beispiel Aszendent,

Mond oder Sonne immer nur einen bestimmten Aspekt wiedergibt, der eventuell widersprüchlich zu dem sein kann, was über einen anderen Faktor gesagt wird. Die Kunst der Astrologie beruht aber gerade darauf, Verschiedenes, eventuell sogar sich Widersprechendes, miteinander zu verbinden bzw. gemäß der eigenen Intuition und Erfahrung zu gewichten.

Wie erfährt man nun, in welchem Tierkreiszeichen die weiteren Horoskopfaktoren stehen? Astrologen mussten früher tatsächlich den Himmel studieren, um herauszufinden, welche Position die wichtigen Gestirne einnahmen. Aber wie gesagt erstellten findige Köpfe schon bald Tabellen, sogenannte Ephemeriden, denen man den Lauf der Planeten entnehmen konnte. Seit der Erfindung und Verbreitung der Computertechnologie kann man nun auch auf diese Ephemeridenbücher verzichten. Man ersteht ein Astrologieprogramm, gibt Geburtstag, -zeit und -ort ein, und auf einen Klick erscheinen alle Angaben, die man braucht. Heute ist infolge der großen Verbreitung des Internets auch das eigene Astrologieprogramm überflüssig geworden. Im World Wide Web existieren Plattformen, auf denen sich ebenfalls ganz einfach die Planetenpositionen errechnen und darstellen lassen. Man kann zum Beispiel über die Homepage des Autors sämtliche Angaben über die exakte Position von Sonne, Mond, Aszendent und den weiteren Gestirnen in einem Horoskop kostenlos herunterladen. Die Adresse: www.bauer-astro.de.

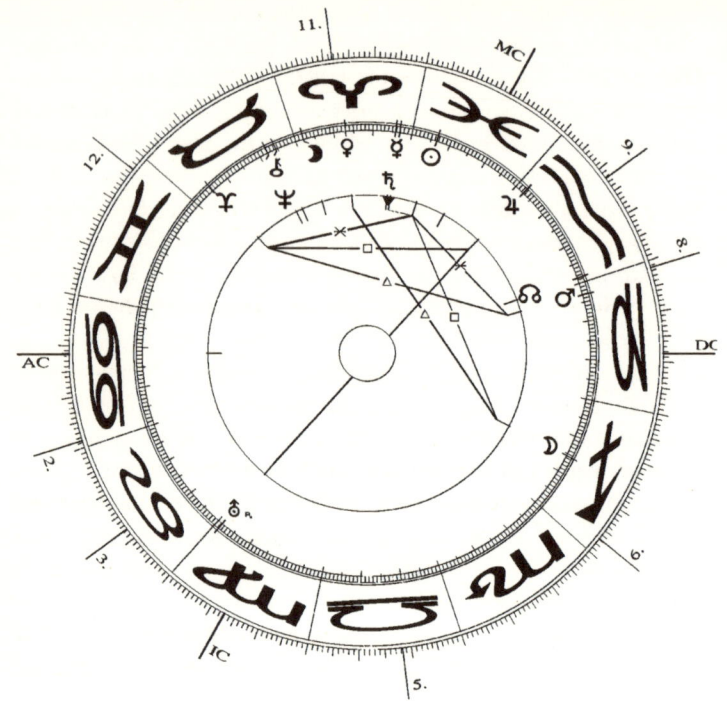

Die Grafik zeigt das Horoskop eines bekannten Fischegeborenen, nämlich das Albert Einsteins. Er ist am 14. März 1879 um 11.30 Uhr in Ulm auf die Welt gekommen. Das Horoskop hält seinen Geburtsmoment grafisch fest. Die Sonne ☉ stand im Zeichen Fische ♓. Aber die Sonne ist nur eine Größe seines Horoskops. Man erkennt links den Aszendenten *AC*, der im Krebszeichen ♋ liegt. Der Mond ☽ rechts, untere Hälfte, befand sich bei der Geburt von Einstein im Zeichen Schütze ♐. Außerdem sind noch viele weitere Gestirne und wichtige Punkte im Horoskop enthalten. Ein ausführliches Horoskop berücksichtigt die Position aller Gestirne und des Aszendenten und kommt erst dann zu einer umfassenden und gründlichen Persönlichkeitsdiagnose.

Der Aszendent – Die individuelle Note

Die Bedeutung des Aszendenten

Wir sprechen in diesem Buch vom Sonnenzeichen Fische, dies ist aber wie gesagt nur *ein* Aspekt einer Persönlichkeit. Die Astrologie kennt noch viele andere, wovon der Aszendent der wichtigste ist. Für die Bestimmung des Aszendenten muss man allerdings die genaue Geburtszeit kennen. Sie ist erfahrbar, weil sie auf dem Standesamt des Geburtsorts festgehalten wird. Wenn Sie also nicht die Zeit kennen, zu der Sie das Licht der Welt erblickt haben, können Sie dort anfragen und um Auskunft bitten.

Als ich vor über dreißig Jahren damit begann, Horoskope zu erstellen, war ich zunächst sehr erstaunt darüber, dass die Geburtszeit neben dem Geburtstag in den Büchern der Standesämter festgehalten wird. Der Geburtstag dient dem Staat neben anderen Angaben zur eindeutigen Identifizierung einer Person. Aber welchen Zweck erfüllt die Geburtszeit für die Bürokratie? Für mich liegt darin auch heute noch kein größerer Nutzen als dieser: Durch die schriftliche Fixierung der Geburtszeit liefern die Behörden der Astrologie die wichtigste Berechnungsgrundlage und ermöglichen so jedem Menschen einen Blick auf den ganz persönlichen, einzigartigen Anfang seines Lebens.

Der Aszendent symbolisiert Ihre individuelle Note. Das Sonnen- oder Tierkreiszeichen Fische hat man ja gemeinsam mit allen Menschen, die zwischen dem 20. Februar und dem 20. März geboren sind. Der Aszendent jedoch ergibt sich aus der ganz persönlichen Geburtszeit. Aber was bedeutet nun der Aszendent? Bekanntlich dreht sich die Erde in zirka 24 Stunden um ihre eigene Achse. Von der Erde aus gesehen, beschreibt die Sonne dabei aber einen Kreis um unseren Planeten. Dieser Kreis wird – ebenso wie beim scheinbaren Kreislauf der Sonne um die Erde innerhalb eines Jahres – in zwölf Abschnitte unterteilt: die zwölf Zeichen des Tierkreises. Entsprechend steigt am östlichen Horizont etwa alle zwei Stunden ein neues Tierkreiszeichen auf. Dasjenige, das zum Zeitpunkt einer Geburt (oder eines anderen wichtigen Ereignisses) gerade dort aufging, nennt man »Aszendent« (dieser Begriff ist abgeleitet vom lateinischen Verb *ascendere* = »aufsteigen«).

Die Deutung des Aszendenten ist auch dementsprechend: Zunächst einmal wollen die Anlagen (repräsentiert durch den Aszendenten) das Gleiche wie das Tierkreiszeichen am Himmel, nämlich »aufgehen«. Wenn also jemand zum Beispiel Aszendent Widder »ist«, strebt die durch dieses Zeichen symbolisierte Kraft danach, im Leben des Menschen mit Aszendent Widder aufzugehen. Es versuchen sich also Widderkräfte zu verwirklichen. Allerdings sind mit einem bestimmten Aszendenten zwar bestimmte Muster und Energien vorgegeben, aber es bleibt immer eine Freiheit in der Gestaltung. Je mehr es einem gelingt, sich vom Allgemeinen abzuheben, umso individueller und einmaliger wird man sein, und umso eher erfüllt man seine eigentliche Bestimmung, nämlich ein einmaliger und unverwechselbarer Mensch zu sein.

Ergänzen sich Aszendent und Tierkreiszeichen, dann fällt dies leicht. Zuweilen sind sie aber völlig entgegengesetzt. Entsprechend fällt es einem schwerer, seinen Aszendenten neben seinem Sternzeichen in sein Leben zu integrieren. Der Aszendent dient also einerseits dazu, uns eine individuelle und besondere Note zu verleihen. Darüber hinaus begleitet den Aszendenten ein Sehnen, sich in eine kosmische oder spirituelle Kraft zu verwandeln, »in den Himmel zu steigen«, wie ja auch das tatsächliche Aszendentenzeichen sich im Osten von der Erde erhebt und gen Himmel strebt.

Auf den folgenden Seiten finden sich die zentralen oder wichtigsten Eigenschaften der zwölf möglichen Aszendenten von Fischegeborenen.

Die exakte Aszendentenposition lässt sich wie gesagt über die Homepage des Autors herunterladen (www.bauer-astro.de).

Die Fische und ihre Aszendenten

Aszendent Widder – Ein Krieger werden
Aszendentenstärken Direkt, spontan, dynamisch, durchsetzungsstark
Aszendentenschwächen Ungeduldig, launisch

Mit dem Aszendenten Widder kommt man auf die Welt, um ein Krieger zu werden. Dieses Wort bedarf einer besonderen Erklärung. Denn mit einem Krieger verbindet man gewöhnlich schreckliche Geschehnisse, schwerbewaffnete Männer (und Frauen), die – meist einem Befehl folgend – töten, foltern, vergewaltigen, enteignen, vertreiben, zerstören, vernichten. Das mögen durchaus auch unerlöste Anteile dieser Aszendentenenergie sein, sie haben aber mit einem bewussten und wissenden Umgang damit nichts zu tun. Der »Krieger« in unserem Sinne steht vielmehr für das Leben. Er verkörpert Initiative, Kraft, Lebendigkeit. Nichts, aber auch gar nichts verbindet ihn mit Zerstörung, Verletzung oder gar Tod. Im Gegenteil. Die höchste Vollendung als Krieger besteht darin, dass er alles aus dem Bewusstsein heraus tut, beim Punkt null zu beginnen. Nichts war schon einmal. Alles ist neu. Der Atem. Das Öffnen der Augen. Das Gehen. Menschen mit dem Aszendenten Widder werden ihr ganzes Leben lang immer wieder neu geboren. Alles, was ihnen widerfährt, zählt als Herausforderung.

Diese Menschen lernen aus Problemen, Schwierigkeiten und Behinderungen, so dass sie in Zukunft gewappnet sind. Auch die Angst werden sie mit der Zeit kennenlernen und wie ein Krieger an ihr wachsen. Angst gleicht einem Heer unsichtbarer Gegner. Man spürt nur, dass man bedrängt wird, eingeengt ist, nicht weiterkann. Aber hat man nicht schon bei seiner Geburt die Erfahrung gemacht, dass es immer weitergeht? Man darf nicht stehen bleiben. Wenn man nicht aufgibt, wird man immer stärker im Leben. Vielleicht muss man zuweilen nachgeben, sich aber sein Ziel immer vor

Augen halten. Umwege sind denkbar und Pausen, doch den eigentlichen Weg wird man nie aus den Augen verlieren.

Mit diesem Aszendenten ist eine jugendliche Gestalt verbunden, und zudem sind so manche »wilden« Unternehmungen älteren Menschen oft nicht mehr möglich. Trotzdem sollten sie ihren Körper sorgfältig pflegen und im Rahmen des Möglichen ertüchtigen. Regelmäßige Gymnastik und eine gesunde Ernährung sind einfach unerlässlich. Noch wichtiger aber ist die geistige Beweglichkeit. Aszendent-Widder-Menschen haben in der Regel das Glück, im Alter fit im Kopf zu bleiben. Aber sie müssen ihren Geist auch immer wieder trainieren. Außerdem können sie den geistigen Alterungsprozess durch Nahrungsergänzungen (Ginkgo zum Beispiel) hinausschieben. Es geht im Alter auch darum, mehr und mehr für Inspirationen empfänglich zu werden. Sich ihnen zu öffnen bedeutet, an der Welt der Ideale, dem Sein, unmittelbar teilzuhaben.

Wenn der Tod irgendwann kommt, werden sie auch diesem Faktum als Krieger begegnen: Sie haben ihren letzten großen Kampf vor sich und stellen sich ihm – mutig, entschlossen, bereit.

Aszendenten-Check

Wie ergänzen sich Sonne und Aszendent? Das Sonnenzeichen Fische und das Aszendentenzeichen Widder sind widersprüchlich. Das Widderprinzip setzt auf Ichhaftigkeit, das Fischeprinzip auf Ichüberwindung. Man gerät daher immer wieder in ein Spannungsfeld zwischen beiden Prinzipien. Letztendlich profitiert aber das Leben davon, weil man nicht nur egoistischen Zielen folgt, aber auch nicht weltfremd ist.

Aszendent Stier – Ein Alchemist werden

Aszendentenstärken Solide, sachlich, praktisch, sinnlich, kreativ, schöpferisch

Aszendentenschwächen Stur, inflexibel

Die Bezeichnung »Alchemist« in diesem Zusammenhang stammt von einem Koch mit dem Aszendenten im Zeichen Stier, der – erst 22 Jahre alt – bereits Chef über fünf weitere Köche war und mir in einer Astrologiesitzung sagte: »Ich bin eigentlich ein Alchemist. Ich mache aus einfachen Zutaten (Zucker, Mehl, Eier, Orangensaft …) ein Gericht, an dem sogar die Götter ihre Freude hätten.« Natürlich lassen sich nicht nur einfache Lebensmittel in »Götterspeisen« transformieren. Genauso klappt es mit Häusern (Architekt), Wohnungseinrichtungen (Innenarchitekt), Pflanzen (Gärtner) und tausend anderen Aufgabenfeldern. Ich frage mich manchmal, ob die Fähigkeit mancher Menschen, ihr Geld mit Hilfe von Spekulation zu vermehren, nicht auch eine moderne Form der Alchemie darstellt. Ob vielleicht Börsianer wie die Alchemisten im Mittelalter Beschwörungsformeln aussprechen, damit ihre Aktien steigen?

Alles lässt sich im Sinne der Alchemie in einen höheren Zustand transformieren. Es ist eine Frage des Bewusstseins. Wenn man sich einmal darüber klar ist, dass man diese Gabe besitzt, geht man anders durchs Leben, nämlich in der Absicht, zu verschönern, alles sinnlicher, angenehmer, vollendeter werden zu lassen. Dann blühen plötzlich Rosen in prächtigeren Farben, der Himmel bekommt ein tieferes Blau, und das Glas Wasser, das man gerade trinkt, schmeckt wie ein nie gekosteter Hochgenuss: Die eigenen Sinne zu verfeinern ist der erste Schritt eines Alchemisten – das Sehen, Hören, Riechen, Schmecken, Tasten. Dann folgt der zweite: die Welt draußen formen, sein Outfit, die Wohnung, das Büro. Am Anfang braucht ein Alchemist noch Zeiten des Rückzugs, um sich zu sammeln und seine eigene Sinnlichkeit abseits allen Treibens zu trainieren. Aber mit der Zeit wird die ganze Welt sein Experimentierraum, und sein »Unterricht« dauert 24 Stunden.

Selbst seine Träume beginnen sich zu gestalten, bekommen intensivere Farben und erzählen von fernen Welten – dem Garten Eden oder dem Schlaraffenland.

Der große Erleuchtete, Buddha, war sowohl von der Sonne als auch vom Aszendenten her ein Stier. Es heißt, dass dort, wo er ging, die Vögel noch lieblicher sangen und die Blüten der Bäume noch intensiver dufteten. Auch Orpheus, einem anderen erleuchteten Wesen, kann man ruhig einen Stieraszendenten »andichten«, obwohl natürlich keine offiziellen Angaben über seine Geburt existieren. Dem Mythos zufolge sang er so vollendet, dass alles um ihn herum verstummte: die Vögel und die Insekten, sogar die Wellen des Meeres und der Wind. Wie ein Buddha, wie Orpheus, so sollen Menschen mit dem Aszendenten Stier durchs Leben gehen.

Im Alter schwindet so manche der Sinnesfreuden: Essen und Trinken haben meist nur noch nährende Funktion, der reine Sex reduziert sich auf ein bescheideneres Maß. Ausgleichend und die Sinne verfeinernd wirkt zum Beispiel die Beschäftigung mit Kunst, egal, ob man sich ihr nur betrachtend oder durch eigenes künstlerisches Tun widmet. Menschen mit dem Aszendenten im Zeichen Stier können jeden Ort, an dem sie leben, zum Garten Eden werden lassen.

Auch dem Tod begegnet ein Alchemist mit dem Mut, ihn zu erhöhen. Er stirbt nicht in Umnachtung, bewusstlos, verkrampft. Er nimmt die letzte große Aufgabe dieses Lebens an und schreitet anmutig hinüber in ein anderes.

Aszendenten-Check

Wie ergänzen sich Sonne und Aszendent? Das Sonnenzeichen Fische und das Aszendentenzeichen Stier vervollständigen sich bestens: Man ist einerseits ein praktischer Mensch, der sein Augenmerk auf die Dinge richtet, die das Leben sicher machen. Andererseits besitzt man ein reiches Gefühlsleben und eine tiefe Intuition. Der eigene Lebensweg wird daher immer von praktischer Vernunft und höherer Einsicht geleitet – Voraussetzungen für ein schöpferisches und befriedigendes Dasein.

Aszendent Zwillinge – Ein Kundschafter werden

Aszendentenstärken Gewandt, beredt, vielfältig, kommunikativ, verbindend

Aszendentenschwächen Zerstreut, unsicher

Wer unter dem Aszendenten Zwillinge auf die Welt kommt, ist immer irgendwie unterwegs – in Wirklichkeit oder in Gedanken. Er nimmt von hier etwas mit, trägt es nach dort, tauscht es mit etwas anderem aus und trägt das dann wieder mit sich fort. Dieser Aszendent macht zu einem Kundschafter, zu einem, der erforscht, entdeckt, ausspioniert, analysiert – und der sein Wissen dann weitergibt. Die Betroffenen behalten es nicht für sich, wenigstens nicht dauerhaft wie jemand mit dem Aszendenten Stier, der das, was er hat, behält und vermehrt. Die Bestimmung der Menschen mit Zwillingeaszendent lautet anders: Sie sind der Welt immer nur eine Zeitlang teilhaftig, verbinden sich, behalten, lassen wieder los.

Ein Kundschafter ist wissbegierig. Wo immer er sich aufhält, was immer er tut, er nimmt es mit all seinen Sinnen auf. Dennoch bleibt er in seinem Inneren neutral, er hält Distanz, er lässt sich nicht vereinnahmen. Er geht durchaus eine Beziehung ein. Er ist, was er tut, und ist es auch wieder nicht. Ein »Macher« und »Beobachter« zugleich. Insofern wird er auch immer irgendwie gespalten sein, doppelt – ein Zwillingswesen eben.

Menschen mit Zwillingeaszendent treten nicht als Krieger und Eroberer und auch nicht als Verteidiger und Beschützer auf. Sie sind neutral und friedlich. Ein Kundschafter sein bedeutet, die Kunst der Neutralität bei jeder Gelegenheit zu trainieren. Das heißt nicht, dass man keine Emotionen mehr haben soll. Aber man lernt zunehmend, sich von außen zu betrachten, sich selbst zu beobachten. Auf diese Weise identifiziert man sich immer weniger mit seinen oder den Gefühlen seiner Mitmenschen. Das bringt einem dann auch gelegentlich den Vorwurf der Oberflächlichkeit ein. Denn sich in allem wiederzufinden lässt einen an Tiefe verlieren. Damit muss man mit diesem Aszendenten leben.

Kunde nehmen, Kunde weitertragen, Kunde bringen: Darin liegt die Bestimmung.

Zwar wird es um Menschen mit einem Zwillingeaszendenten auch im Alter nicht so schnell ruhig, weil sie sich vorausschauend mit genügend Kontakten »eindecken«. Dennoch hinterlassen die Jahre ihre Spuren. Dann kommt es darauf an, ob man weiß oder zumindest ahnt, dass alles, was man in der Außenwelt suchte, eigentlich schon immer in einem selbst war und dass »allein sein« auch »alleins sein« bedeutet. Dann bringt das Alter Schönheit und tiefe Befriedigung.

Aszendenten-Check

Wie ergänzen sich Sonne und Aszendent? Das Sonnenzeichen Fische und das Aszendentenzeichen Zwillinge sind schwer unter einen Hut zu bringen. Um es ganz einfach zu sagen: Der »Fischeteil« will Qualität, der »Zwillingeteil« Quantität. Das kann sehr anregend, aber auch enorm nervenaufreibend sein.

Aszendent Krebs – Ein Träumer werden

Aszendentenstärken Gefühlvoll, häuslich, sensibel, fürsorglich, mystisch, spirituell
Aszendentenschwächen Launisch, abhängig

Ein besonderes Problem, dem sich Menschen mit Krebsaszendent stellen müssen, beschert ihnen der Helferplanet Mond, der auf die leibliche Mutter verweist. Bildlich gesprochen, hängen sie noch Jahre nach der Geburt oder gar ihr Lebtag lang an der Nabelschnur. Diese Prägung auf die Mutter steht in krassem Widerspruch zu der Botschaft, die einem Aszendenten grundsätzlich innewohnt, nämlich ein eigenständiges Individuum zu sein – frei, unabhängig, einmalig. Aber wie soll ihnen das gelingen, wenn ihre Mutter als Vorbild im Horoskop vorgegeben ist? Eine vertrackte Angelegenheit!

Ich meine, dass sich Menschen mit dem Aszendenten im Zeichen

Krebs ein eigenes, unabhängiges Verständnis der Mutterrolle (oder des Mutterbildes) erarbeiten sollten. Sie müssen sich gewissermaßen selbst »abnabeln«. Das wird schwierig und auch sehr schmerzvoll sein. Dabei darf es ihnen nicht darum gehen, besser als ihre Mutter zu werden. Sie müssen eine eigene »Mutter-Krebs-Qualität« entwickeln, schöpferisch sein und über die alten Muster hinaus einen Weg in die Eigenständigkeit finden.

Nur auf diese Weise lässt sich der Widerspruch lösen, der in dieser Konstellation liegt. In einer ewigen Antihaltung hängen zu bleiben (bloß keine Mutter sein) oder sich anzumaßen, die eigene Mutter zu überbieten, wie es oft bei Menschen mit einem Krebsaszendenten zu beobachten ist – meist sind es Töchter –, blockiert das Leben. Eine eigenständige Mutter zu sein heißt, auf den Grund des Wassers zu tauchen. Dort finden sie die nötigen Puzzlesteine, um das eigene Bild zu vollenden.

Menschen, die mit dem Krebsaszendenten geboren werden, haben besonders leicht Zugang zu einer Zwischenwelt, einem Bereich zwischen dem sogenannten Realen und dem Spirituellen. Sie tauchen immer wieder in diese Welt ein – ob im Schlaf oder in einem Tagtraum – und tanken Kraft und erhalten Eingebungen. Träume sind eine große Quelle der Wahrheit. Allerdings haben sie viel von ihrer heilenden und heiligen Kraft eingebüßt, seitdem die Wissenschaft sie physiologisch bzw. psychologisch zu erklären sucht. Dass Träume auch eine Verbindung zur göttlichen Welt bedeuten, blieb dabei scheinbar auf der Strecke. Besonders Menschen mit dem Aszendenten im Zeichen Krebs dürfen sich davon nicht beeinflussen lassen. Ein Träumer zu sein bedeutet, die Quelle allen Seins wieder ins Leben zu integrieren. Dann bekommt die reale Welt Spuren der anderen, wird intensiv, lebendig, schöpferisch. Man erlebt sie wie ein Künstler – ein Maler, Musiker, Dichter. Vor allem aber fließt Mitgefühl in das reale Leben ein. Denn in der spirituellen Welt existiert kein Ego, das meint, sich gegen andere Egos behaupten zu müssen. Alles ist mit allem in unendlicher Liebe verbunden. Ein Träumer zu sein bedeutet jedoch keineswegs, mit halb geschlossenen Augen durch die Weltgeschichte zu wandeln. Im Gegenteil, die Verbindung zur Anderswelt lässt einen das Leben hier bewusster und intensiver wahrnehmen.

Wenn der Mensch mit dem Aszendenten Krebs einmal alt geworden ist und dem Tod begegnet, wird er ohne Zaudern hinübergehen in die Welt, die schon immer seine Heimat war.

Aszendenten-Check

Wie ergänzen sich Sonne und Aszendent? Das Sonnenzeichen Fische und das Aszendentenzeichen Krebs ergänzen sich prima, ja, unterstützen sich regelrecht. Sie gehören beide dem Wasserelement an, was die seelische Kraft verdoppelt. Man geht gern einer sozialen oder künstlerischen Tätigkeit nach (oder sucht wenigstens einen entsprechenden Ausgleich).

Aszendent Löwe – Ein Glücksbringer werden

Aszendentenstärken Selbstbewusst, großzügig, sonnig, herzlich, schöpferisch
Aszendentenschwächen Stolz, träge

Wer unter dem Aszendenten Löwe das Licht der Welt erblickt, macht alle glücklich: Ein Königskind ist geboren, mögen die Verhältnisse unter dem Dach, das seine Wiege beherbergt, auch noch so ärmlich sein. Mit ihm zieht das Glück ein, und das bleibt im Grunde ein Leben lang so, wenn nicht widrige Umstände den natürlichen Charme dieser Menschen brechen. Auch Erwachsene umgibt eine besondere Ausstrahlung, eine »Grandezza«, die signalisiert: »Alle mal hersehen, jetzt komme ich!« Irgendwann hat man auch den entsprechenden Hofstaat (allesamt irgendwie besondere Typen) und in der Regel auch das nötige Kleingeld, um sich ein Dasein in Würde leisten zu können.

Aber es reicht nicht, sich sein Lebtag lang nur im Glanz dieses Sternzeichens zu sonnen. Mit dem Aszendenten ist einem auch der Auftrag in die Wiege gelegt, dem Leben Glanz, Freude und Fröhlichkeit zu verleihen und den Mitmenschen eben Glück zu bringen. Das ist eine schwierige Aufgabe, denn für das, was ein glückliches Dasein wirklich ausmacht, mangelt es in unseren Zeiten immer mehr an Verständnis. Nur wenige leben in solch einem Glück und verbreiten es. Wir reden nicht vom Lottogewinn oder von einer steilen Karriere, sondern von dem Glück, das Fröhlichkeit in die Augen zaubert, Selbstgewissheit schafft, einen mit Zuversicht in die Zukunft blicken lässt und in diesem Vertrauen sorglos macht. Das ist ausgesprochen rar.

Muss man nun, um solch ein Glück verbreiten zu können, über materiellen Reichtum verfügen? Wenn ja, womit soll jemand, der arm wie die sprichwörtliche Kirchenmaus ist, seinem Leben Glanz verleihen? Nun, erstens ist ein Mensch mit Löweaszendent niemals so bedürftig; zweitens geht es nicht um das persönliche, sondern um das Leben schlechthin; und drittens kann man selbst unter den kargsten Bedingungen wie ein Sonnenkönig wirken. Die Schönheit der Natur beschränkt sich ja nicht auf eine Rose oder Lotusblüte, wir erkennen sie genauso bei einem Vergissmeinnicht oder Gänseblümchen. Nichts kann einen also daran hindern, Glück zu verbreiten, ein Glücksbringer zu sein – außer man selbst. Wenn ein Mensch mit jenem wunderbaren Aszendenten die Welt nicht für »würdig« erachtet, dieses Füllhorn zu empfangen, versündigt er sich durch solche Hybris an seiner Geburt und seinem Aszendenten. Die Sonne wählt nicht aus, wem sie ihr Licht schenkt und wem nicht. Sie verbreitet ihr Licht und ihren Glanz nicht, um zu imponieren. Das hat sie nicht nötig. Auch diese Menschen müssen nicht um Anerkennung buhlen. Bedeutsamkeit haben sie allein schon durch ihre Geburt unter dem aufgehenden Löwezeichen. Sie brauchen sich nichts mehr zu beweisen.

Älter zu werden fällt nur denjenigen schwer, die sich ausschließlich in ihrem Glanz sonnen, ihn aber nicht verschenken. Wer sich dem Leben hingibt, ergibt sich auch mit Leichtigkeit dem Tod.

Aszendenten-Check

Wie ergänzen sich Sonne und Aszendent? Das Sonnenzeichen Fische und das Aszendentenzeichen Löwe sind nicht einfach zu verbinden. Der »Fischeteil« sucht Verinnerlichung, macht eher introvertiert. Der »Löweteil« möchte sich ausleben, macht also eher extravertiert. Aus einem anfänglich nervenden »Entweder-oder« kann mit der Zeit allerdings ein ausgeglichenes »Sowohl-als-auch« werden.

Aszendent Jungfrau – Ein Prophet werden

Aszendentenstärken Zuverlässig, logisch, nachdenklich, planend, vorausschauend, visionär
Aszendentenschwächen Pessimistisch, kritisch

Alles im Kosmos folgt einer Ordnung, entsteht, wächst, vergeht und fließt in einen neuen Zyklus ein. Menschen mit dem Aszendenten Jungfrau sind mit dieser Ordnung in spezieller Weise verbunden. Solche Nähe macht sie empfänglich für besondere Einsichten und Visionen und schenkt ihnen die Fähigkeit, Erfahrungen oder Botschaften – ähnlich dem Götterboten Hermes/Merkur – auf die Erde und unter ihre Mitmenschen zu bringen. Auch wenn sie sich dessen meist selbst nicht bewusst sind, sagen und tun sie zuweilen Dinge, die sich nur so erklären lassen. Menschen mit Aszendent Jungfrau warnen zum Beispiel vor Gefahren oder benennen Risiken. Das führt manchmal zu einer ausgesprochenen Medialität. Ich kenne viele Medien, Kartenleger oder Astrologen mit Jungfrauaszendent. Bei ihnen paart sich das Wissen um eine natürliche Ordnung mit höheren Eingebungen oder Inspirationen. Sie erkennen die Gesetze des physischen Daseins, wissen also, wie die »Räder des Lebens« ineinandergreifen, und bereichern diese darüber hinaus mit Ideen, die ihnen zufallen. Auch viele Psychologen, Therapeuten, Lehrer, Sozialarbeiter, Ärzte und Krankenpfleger mit dieser astrologischen Kombination bestätigen, dass sie jenseits von Wissen und Erfahrung über Quellen verfügen, die ihnen bei ihrer Arbeit von unschätzbarem Nutzen sind.

Grundsätzlich verfügt jeder Mensch mit Aszendent Jungfrau über einen Zugang und »bedient« damit sich selbst und seine Mitmenschen, erteilt Ratschläge, verweist auf Gefahren und Risiken, spricht Warnungen aus. Wenn man allerdings den Himmel als Ziel aus den Augen verliert und sich nur noch am irdischen Alltag orientiert, läuft man Gefahr, alles und jeden zu »benoten«. Daraus werden dann schnell Schwarzmalerei und Defätismus. Es gibt Menschen mit diesem Aszendenten, die die Angewohnheit haben, jeden Impuls mit dem typischen Aszendent-Jungfrau-Satz »Das klappt sowieso nie!« im Keim zu ersticken. Dass sie dann oft auch noch recht behalten, macht das Ganze nur noch schlimmer.

Fraglos befähigt dieser Aszendent zum »zweiten Gesicht«. Man vermag Phänomene zu »sehen«, die anderen verborgen bleiben, und besitzt »magische Flügel«, die in die Zukunft tragen. Dieses Wissen aber gilt es, behutsam und verantwortlich einzusetzen. Sonst richtet es mehr Unheil an, als es Gutes bringt.

Im Alter wird die Kenntnis dessen, was auf die Jungfrauaszendenten zukommt, immer größer, bis sie wissen, was sie erwartet, wenn sie einmal hinübergegangen sind in ein neues Leben.

Aszendenten-Check

Wie ergänzen sich Sonne und Aszendent? Das Sonnenzeichen Fische und das Aszendentenzeichen Jungfrau sind sehr verschieden, was zu Spannungen führen kann. Aber Probleme machen nicht nur zu schaffen, sondern sie bringen auch weiter – und das ist einem umso wichtiger, je älter man wird. Am schwierigsten ist es allerdings, die Kluft zwischen Ideen und Träumen einerseits und der praktischen Alltagsrealität andererseits unter einen Hut zu bringen.

Aszendent Waage – Die Liebe finden

Aszendentenstärken Anmutig, charmant, stilvoll, liebesfähig
Aszendentenschwächen Abhängig, unecht

Menschen mit dem Aszendenten Waage sind die personifizierte Harmonie und verbreiten eine friedliche, angenehme Stimmung. Das Sein erleben sie dual, das heißt stets aus doppelter Perspektive. Bezieht jemand eine bestimmte Position, dann übernehmen sie beinahe automatisch die entgegengesetzte. Dazu benötigen sie noch nicht mal ein Gegenüber. Auch in sich selbst geht es stetig hin und her, als gäbe es dort zwei sich widersprechende Parts und Perspektiven. So wie sie die jeweilige Gegenposition vertreten, können sie aber auch dann, wenn derartige Polaritäten schon gegeben sind, den gemeinsamen Nenner finden. Sie verbinden, vermitteln, gleichen aus, führen zusammen.

Menschen mit Waageaszendent werden in solche Familien und Ehen hineingeboren, in denen der Hausfrieden »schief«-hängt. Wenn sich ein Paar streitet oder gar an eine Trennung denkt, kommt ein Kind mit Aszendent Waage, um in einem vielleicht letzten Versuch die Ehe zu kitten. Solche Kinder sind regelrechte Genies darin, bei Streithähnen Frieden zu stiften. Sie bringen einen »Sternenstaub der Versöhnung« auf die Erde, mit dem sich eine Trennung oft genug hinausschieben lässt. Diese Gabe haben auch Menschen, die unter dem Sternzeichen Waage geboren werden. Sie sind sogar noch erfolgreicher darin, Ehen zu retten. Wer mit dem Aszendenten Waage geboren wird, so habe ich mehrfach festgestellt, schiebt die Trennung eher auf, als dass er sie für immer verhindern könnte.

Die Bedeutung des Aszendenten liegt in der Betonung der Eigenheit oder Persönlichkeit, die einen Menschen ausmacht. Er ist Motor für das Bestreben, sich aus dem Sog der Familie und des Clans zu befreien, um ein eigenes Leben zu führen. Darum muss er irgendwann sein »Nest« verlassen und sein verbindendes Wirken aufgeben. Dennoch erleben Menschen mit dem Aszendenten Waage es dann doch als eine innere Niederlage, wenn sich ihre

Eltern trennen. Sich die Logik klarzumachen, die dem Aszendenten innewohnt, vermag dann durchaus eine Hilfe zu sein.

Auch im Erwachsenenalter bleiben Menschen mit Waageaszendent der Liebe verpflichtet. Sie verschenken sie großzügig, wenn sie sie gefunden haben, und sind voller Inbrunst auf der Suche nach ihr, wenn sie ihnen gerade »entwischt« ist. Eigentlich jedoch ist ihr ganzes Leben ein Warten auf die ganz große Liebe. Warum bloß, wird man fragen, finden Menschen, die für die Liebe geboren sind, diesen einen und einzigen Partner so selten?

Die Antwort lautet: Es gibt ihn so nicht. Ein Partner, der Liebe pur ausstrahlt, nach Liebe riecht, nach Liebe schmeckt, ein Partner voller innerer und äußerer Schönheit, der göttlich lieben, sich geistreich unterhalten, sich vollständig hingeben kann und dennoch immer er selbst bleibt: Wo, bitte, findet sich solch ein Mann, solch eine Frau? Es ist der enorme Anspruch, der Menschen mit diesem Aszendenten im Wege steht. Er ist schlicht und einfach *zu* hoch. Die große Liebe der Waageaszendenten findet keine Erfüllung bei einem Wesen aus Fleisch und Blut. Erst wenn ihre Liebe zum Geschenk an das Leben wird – an ein Gedicht, an Musik, einen Baum –, fühlen sie sich am Ziel. Dann können sie jemanden auch aus ganzem Herzen lieben, weil diese Liebe nicht mehr so groß sein muss.

Vor allem im Alter strahlen Menschen mit Aszendent Waage eine Liebe aus, die auf niemand Bestimmtes mehr ausgerichtet ist und dennoch jedem zukommt. Dann wird auch irgendwann der Tod ein Teil des Lebens und verbindet sich mit ihm.

Aszendenten-Check

Wie ergänzen sich Sonne und Aszendent? Das Sonnenzeichen Fische und das Aszendentenzeichen Waage ergeben einen fürsorglichen und liebevollen Menschen. Wenn man lernt, nicht nur zu geben, sondern auch etwas zu verlangen, wird man glücklich und erfolgreich sein.

Aszendent Skorpion – Unsterblich werden

Aszendentenstärken Furchtlos, unergründlich,
bewahrend, leidenschaftlich
Aszendentenschwächen Misstrauisch, starr

Von dem großen Propheten Mohammed stammt der Satz: »Stirb,
bevor du stirbst.« Und der Mystiker Jakob Böhme hat gesagt: »Wer
nicht stirbt, bevor er stirbt, der verdirbt, wenn er stirbt!« So oder
ähnlich lautet auch der Leib-und-Magen-Spruch von Menschen,
die unter dem aufgehenden Skorpionzeichen geboren wurden.
Das bedeutet in gar keiner Weise, dass sie real gefährdeter wären
als andere. Im Gegenteil, Menschen mit dem Skorpion als Aszendent werden älter als die meisten und scheinen dabei noch robus-
ter, also gesünder zu bleiben als ihre Zeitgenossen. Es geht auch
beileibe nicht immer gleich um Leben und Tod. Diese beiden
Wörter stehen nur symbolisch für das duale Lebensspiel, dem alles
folgt: kommen und gehen, begegnen und trennen, halten und
loslassen, Tag und Nacht, plus und minus. Jeder Mensch hat sich
dieser Dualität zu stellen. Aber wer unter dem aufsteigenden Skorpionzeichen geboren wurde, ist ihr besonders ausgeliefert. Er
muss in diesem »Fach« seinen Meister machen.
Ein wichtiger »Prüfungsstoff« auf dem Weg dorthin lautet, dem
Schein zu misstrauen. Schon als Kinder entwickeln unter diesem
Zeichen Geborene einen Blick für alles Falsche, Seichte und Auf-
gesetzte und schneiden notfalls tief ins »Fleisch«, wenn sie einen
faulen Herd vermuten. Wozu? Weil Schwäche, Falschheit und
Unaufrichtigkeit keinen Bestand haben vor dem Tod. Nur echte
und starke »Materialien« können der Vergänglichkeit trotzen. Das
bezieht sich auch auf ihre Beziehungen. Jeden potenziellen Partner, dem sie begegnen, unterziehen diese Aszendenten bewusst
oder unbewusst einem sofortigen Check, um herauszufinden, ob
der andere ihrem Wunschpartner entspricht, ob sie mit ihm –
symbolisch gesagt – »dem Tod trotzen« können.
Kinder gehören natürlich zum Lebensskript dieser Menschen. Sie
stehen sogar ganz oben in der Karmaliste. Von hundert Skorpion-

aszendenten bekommen 99 mindestens ein Kind – weil Kinder die sicherste Waffe gegen den Tod sind. In ihnen lebt es doch weiter, das Blut, das Erbe, der Name, die Erinnerung. Dass diese Regel nicht für jeden mit Aszendent Skorpion zutrifft, liegt lediglich daran, dass ein Horoskop eben nicht nur aus dem Aszendenten besteht. Gerade bei Menschen mit der Sonne im Zeichen Fische können Kräfte, die gegen leibliche Kinder wirken, sehr stark sein. Der Aszendent Skorpion verbindet ebenso mit den Ahnen. Es fällt einem daher immer auch die Aufgabe zu, sich um die Vergangenheit zu kümmern, sie in Ehren zu halten und sie – wenn nötig – in ein anderes Licht zu rücken, um (Karma-)Schulden einzulösen. Aber es existiert auch ein anderer Weg der Unsterblichkeit. Ich weiß von Menschen mit diesem Aszendenten, die keinerlei Angst mehr vor dem Leben haben und damit auch nicht vor dem Tod. Sie wissen, dass es immer weitergeht. Sie nehmen jeden Moment ihres Daseins als das Einzige, was zählt. Insofern sind sie unsterblich und ewig geworden. Diese Gnade erwächst aus der Hingabe an das Leben von Moment zu Moment, wie es im Aszendenten Skorpion angelegt ist. Wenn sich diese Energie aufrichtet, nach oben steigt, wird sie frei von jeglicher Schwere. Die Astrologie schuf dafür ein wunderbares Bild: Sie erhob den erlösten Skorpion zum weisen Adler. Befreit aus der Enge des stacheligen Skorpionpanzers entweicht dieser Vogel und hebt sich in den Himmel der Unendlichkeit.

Von Moment zu Moment leben bedeutet aber auch, jeden Augenblick loszulassen – auch dann, wenn es dereinst hinübergeht in eine andere Welt.

Aszendenten-Check

Wie ergänzen sich Sonne und Aszendent? Man ist ein Mensch »mit doppeltem Wasser«; denn sowohl Fische als auch Skorpion gehören dem Wasserelement an. Das kann bei der Bewältigung ganz praktischer Angelegenheiten zu Problemen führen – was man sich einfach zugestehen sollte. Dafür sind die Betreffenden unglaublich sensibel, einfühlsam, fürsorglich und allem Seelischen gegenüber sehr aufgeschlossen. Wichtig ist, einen Weg zu finden, auf dem sich das große Mitgefühl und die schöpferischen Talente verwirklichen lassen.

Aszendent Schütze – Seelenheiler werden

Aszendentenstärken Optimistisch, aufgeschlossen, mitreißend, jovial, beseelend
Aszendentenschwächen Unrealistisch, leichtgläubig

Eine Seele, die sich inkarniert, während sich im Osten das Tierkreiszeichen Schütze in den Himmel schiebt, wird immer von Trost und Hoffnung begleitet. Wer unter diesem Aszendenten geboren wird, dem haften wundersame Fähigkeiten an: Er vermag Wunden zu heilen, die die Zeit geschlagen hat, und kann – Engeln oder kleinen Göttern gleich – dem Schicksal Schönheit und Würde verleihen.

Noch bei jedem Menschen mit dieser Fische-Schütze-Konstellation, der in meine Praxis kam, gab es in der Vergangenheit ein Unglück, das nach menschlichem Ermessen nicht hätte geschehen müssen. Angehörige starben beispielsweise bei einem unnötigen Einsatz im Krieg oder wegen fehlender oder falscher medizinischer Hilfe. Solche Tragödien werden in den Familien nicht ad acta gelegt, sondern an spätere Kinder weitergegeben, die dann mit einem Aszendenten Schütze auf die Welt kommen. Diese nehmen sich auf ihre Weise des »Versagens« vergangener Zeiten an und versuchen, das Schicksal von damals durch ihre Lebensführung zu verändern. Sie wollen verhindern, dass es noch einmal so schrecklich zuschlägt. Niemand bittet diese Menschen um Hilfe oder gar um Vergeltung. Nur die wenigsten von ihnen werden sich jemals bewusst darüber, was sie eigentlich tun. Und dennoch macht sich ein Anteil in ihnen von Kindesbeinen an auf den Weg, in das Schicksal einzugreifen. Sie kommen auf die Welt, öffnen die Augen und würden, könnten sie sprechen, sagen: »Jetzt komme ich und vertreibe eure Sorgen und bringe Hoffnung. Jetzt wird alles gut.«

Menschen mit diesem Aszendenten sind häufig noch mit achtzig fit und treiben gar Sport. Sie bleiben auch im Kopf rege. Zuweilen fällt ihnen die große Gnade zu, bewusst und klaren Geistes die Schwelle des Todes zu übertreten – wissend, dass dies nicht das Ende ist.

Aszendenten-Check

Wie ergänzen sich Sonne und Aszendent? Ein Mensch mit dieser Konstellation verfügt über beides, Inspiration und Intuition. Damit ist er äußerst vielseitig. Stark entwickelt ist auch der Wunsch, anderen zu helfen. Er muss sogar aufpassen, dass dieser Wunsch nicht überhandnimmt und er einem »Helfersyndrom« erliegt. Auch Ruhelosigkeit kann störend werden.

Aszendent Steinbock – Wahrhaftig werden

Aszendentenstärken Sachlich, objektiv, gerecht, zäh, erfahren
Aszendentenschwächen Hart, kalt

Das Sternzeichen Steinbock regiert auf der nördlichen Halbkugel der Erde die kalte Jahreszeit. Daher begleitet auch jeden, der unter diesem Aszendenten auf die Welt kommt, ein Hauch winterlicher Stimmung – obwohl ihre Geburt schon in das Ende des Winters fällt. Damit verbunden ist eine große Widerstandsfähigkeit, auch wenn die nicht immer gleich vom ersten Atemzug an erkennbar ist. Menschen mit Steinbockaszendent kommen sogar öfter zart besaitet, zuweilen sogar mit einer Schwäche auf die Welt. Aber das Leben konfrontiert sie von Anfang an mit Härtetests nach dem Motto »Gelobt sei, was hart macht« bzw. »Du schaffst es, oder du hast hier nichts verloren«. Dieser rauhe Empfang verfolgt nur den einen Zweck: Widerstandskraft zu wecken, abzuhärten und einzustimmen auf ein Leben, das viel von einem verlangt. Das Neugeborene bekommt aber auch bedeutsame Unterstützung: Dieser Mensch wird Gipfel stürmen. Etwas Besonderes leisten. Ruhm und Ehren erlangen. Er wird kein Schwächling werden, keine

»Schande« bringen, kein x-beliebiges Rädchen im Getriebe des Lebens sein. Wenn ein Kind mit Aszendent Steinbock das Licht der Welt erblickt, überkommen Familie und Sippe großer Stolz. Aber es zieht zugleich Kühle ein. Diese Kinder werden weder Wärme noch Gemütlichkeit verbreiten. Mit ihnen kann man auch nicht stundenlang zärtlich schmusen. Lässt man mal fünf gerade sein, fühlt man sich in ihrer Nähe sogar ein wenig schuldig.

Später sind sich Menschen mit Aszendent Steinbock ihrer selbst sicher und leben nach festen Prinzipien und Regeln. Durch ihre Klarheit gehen sie ihrem Umfeld oft als Beispiel voran, geben Orientierung und stehen mit gutem Rat bereit. Sie beeindrucken vor allem durch ihre Standfestigkeit, weswegen sie in Notsituationen gern aufgesucht werden. Ihre Geradlinigkeit und Sachlichkeit scheinen sie unanfechtbar zu machen. Und doch können gerade diese Eigenschaften sie ins Schleudern bringen. Denn wenn man zu sehr an der Materie haftet, wird man mit der Zeit hart und spröde. Falls man meint, die Bestimmung bestehe ausschließlich darin, sich gegen die Wogen des Lebens zu stemmen, um erfolgreich zu sein, nimmt mit fortschreitendem Alter der Körper eine verspannte Haltung ein. Vor allem Rücken und Knie sind davon betroffen. Wenn man hingegen sein Handeln auf der Erde als vorübergehend betrachtet und die Ausrichtung nach oben nicht verliert, erfährt man durch kosmische Fürsorge den Trost, den man für sein hartes Dasein braucht. Vor allem aber erfährt man sein Leben als getragen von Sinn und Bestimmung. Von solchen Menschen geht dann tatsächlich ein inneres Leuchten aus, das anderen Kraft und Sicherheit verleiht.

Im Alter wird alles leicht. Die Unbeschwertheit vermischt sich mit Weisheit und schenkt den Betreffenden glückliche Jahre, so dass sie, kommt dereinst der Tod, leichten Fußes in die andere Welt hinübergehen können.

Aszendenten-Check

Wie ergänzen sich Sonne und Aszendent? Das Sonnenzeichen Fische und das Aszendentenzeichen Steinbock ergänzen sich ausgezeichnet. Man ist realistisch, aber nicht dogmatisch, erdverbunden, aber nicht materialistisch. Dafür geboren, Verantwortung zu übernehmen. Etwas unnahbar wird man gelegentlich auch, aber wer's weiß, kann da ja auch bewusst gegensteuern.

Aszendent Wassermann – Einmalig werden

Aszendentenstärken Human, frei, unkonventionell, erfinderisch, individualistisch
Aszendentenschwächen Exzentrisch, nervös

Ein Mensch, der auf die Welt kommt, während am östlichen Horizont das Sternzeichen Wassermann aufgeht, ist voller Rätsel: Wer ist er? Woher stammt er? In aller Regel gleicht er weder der Mutter noch dem Vater, so dass zumindest bei Letzterem früh Zweifel an seiner Vaterschaft aufsteigen. Aber auch die Mutter blickt skeptisch auf ihr Kind und fragt sich im Stillen, ob es womöglich nach der Geburt vertauscht wurde, so wenig ähnelt es ihr oder ihrem Mann. Zunächst verwirren äußerliche Merkmale wie Nase, Augen und Haarfarbe. Später kommen Irritationen über sein Wesen und sein Verhalten dazu. Beinahe befremdlicher ist jedoch die Tatsache, dass der Nachwuchs sein Anderssein anscheinend auch noch kultiviert. Er widersetzt sich allen Erwartungen und wehrt sich vehement dagegen, in irgendein Schema gepresst zu werden.

Was Menschen mit einem Wassermannaszendenten nicht ausstehen können, sind Gesetze und Regeln a priori. Sie hassen alles, was so ist, weil es so ist oder so zu sein hat. Für sie zählen Einsicht, Vernunft und Verstehen. Man könnte auch sagen, sie folgen einer Moral, die schon vor ihrer Geburt in ihr Hirn gepflanzt wurde.

Menschen mit Wassermannaszendent stehen von Kindheit an mit Autoritäten auf dem Kriegsfuß. Heftige Auseinandersetzungen während der Pubertät bleiben bei diesem ausgeprägt individualistischen Charakter kaum aus. Dass es solche Kinder früh aus dem Haus zieht, ist nur konsequent. Man lasse sie gehen. Sie finden ihren Weg hinaus – und auch wieder einen zurück.

Im Erwachsenenalter kommen auch diese lebhaften Wesen etwas zur Ruhe. Sie dürfen aufatmen. Allerdings sollten sie es sich tunlichst ersparen, in einem allzu autoritären und hierarchisch gegliederten Umfeld zu arbeiten und zu leben. Das klappt mit diesem Aszendenten nicht. Passend sind Berufe mit kreativem Potenzial und möglichst offenen Arbeitszeiten. Vierzehn Stunden als Beleuchter beim Film, wovon nur acht Stunden bezahlt werden, machen zufriedener denn verbriefte acht Stunden als Beamter auf Lebenszeit. Menschen mit Aszendent Wassermann werden auch aus einem ersten Kuss nie gleich ein »Immer und ewig« machen. Sie sind ausgesprochen freiheitsliebende Wesen, die sich erst dann binden wollen, wenn sie viel Erfahrung gesammelt haben.

Das Alter überrascht: Sofern sie ihre Individualität und Besonderheit gelebt haben, erwartet sie ein vergnüglicher Lebensabend, an dem sie ihrem Bedürfnis nach Freiheit und Unabhängigkeit unvermindert nachgehen können. Haben sie sich jedoch diesen Drang »verkniffen«, können sie unter Umständen absurde Gewohnheiten entwickeln. Kommt dann der Tod, ist ihre Seele neugierig und gespannt, was dahinter beginnt.

Aszendenten-Check

Wie ergänzen sich Sonne und Aszendent? Das Sonnenzeichen Fische und das Aszendentenzeichen Wassermann sind verschieden wie Luft (Wassermann) und Wasser (Fische). Zuweilen mischen sich diese Substanzen auf angenehme Weise. Dann fühlt man sich leicht und unbeschwert (wie nach einem Gläschen Champagner vielleicht, der ja auch aus »Luft« und »Wasser« besteht). Zu anderen Zeiten sind die beiden Elemente miteinander inkompatibel. Dann leidet man (wie ein Fisch an der Luft oder ein Vogel im Wasser). Was einem hilft, sind Kompromissbereitschaft und geistige Aufgeschlossenheit.

Aszendent Fische – Ein Mystiker werden

Aszendentenstärken Geheimnisvoll, intuitiv, sensibel, mitfühlend, mystisch

Aszendentenschwächen Unsicher, unrealistisch

»Tat twam asi«: Dieser Satz entstammt der indischen Philosophie und besagt, dass Objekt und Subjekt, Ich und Du, nicht getrennt, sondern eins sind. Der große Philosoph Arthur Schopenhauer (1788–1860) bezieht sich auf diesen Satz, wenn er über das Mitleid oder Mitgefühl philosophiert. Er sieht die metaphysische Grundlage des Mitgefühls darin, dass wir im Grunde alle eins sind. Wir selbst sind es also, die im anderen leiden. Und wir helfen daher der eigenen Person, wenn wir praktisches Mitleid üben.

Tiere haben kein Mitgefühl oder höchstens Spuren davon. Kleinkinder können unendlich grausam sein und zeigen in aller Regel lange nichts von diesem Mitleiden, das Heranwachsende und Erwachsene zuweilen überfällt. Menschen mit dem Aszendenten Fische sind besonders davon betroffen. Ihr Herz krampft sich zusammen, wenn sie an einem Bettler vorbeigehen. Es kann ihnen die Tränen in die Augen treiben, wenn sie andere leiden sehen. Wann immer sie jemand braucht, sind sie zur Stelle. Selbstverständlich. Sich ständig ausnutzen zu lassen geht natürlich auch nicht. Manche Menschen mit Fischeaszendent verzweifeln an ihrer Empathie, weil sie von dem, was sie geben, nie etwas zurückerhalten. Es kommt sogar nicht selten vor, dass jemand mit diesem Aszendenten regelrecht hart und abweisend wird. Aber das ist nur ein Schutz gegen den weichen Kern und schadet letztlich dem Karma. Man ist nun mal ein doppelter Fisch, jemand mit dem Aszendenten und der Sonne in diesem Zeichen.

Kinder mit Fischeaszendent sind zarte, sensible, sehr »durchlässige« Wesen, die die Gefühle anderer unmittelbar aufnehmen. Umgekehrt erkennt man sofort, wie es ihnen geht. Sind sie verstimmt, leiden sie, und zwar still und leise. Meist ist die Ursache ihres Kummers die Familie, für deren Schwierigkeiten sie sich »zuständig« fühlen. Die Pubertät kann schrecklich sein. Mit allen

Mitteln wird um Anerkennung und Liebe gerungen, und man erliegt doch immer wieder dem »Wasser«, verliert sich und geht unter. Glück hat, wer in seiner Familie mit Toleranz und Verständnis aufwächst. Das Unglück wiederum häuft sich zu einem Berg, wenn einem auch noch die Eltern vorwerfen, nicht so zu funktionieren wie andere. Das setzt sich im Erwachsenenalter fort. Nur sind es jetzt Chefs und Kollegen, von denen man abhängig ist. Menschen mit Fischeaszendent werden es sicher leichter haben, wenn sie in künstlerischen oder sozialen Bereichen arbeiten können. Dennoch sind es letztlich die Mitmenschen, die einem das Leben leichter oder schwerer machen, egal, ob man Krankenschwester oder Verkäuferin in einem Supermarkt ist.

Das Alter bringt hier die große Erleichterung. Dann endlich können die Betreffenden loslassen und müssen niemandem mehr etwas beweisen. Bis dahin haben sie dann auch längst herausgefunden, dass Alleinsein nicht Einsamkeit bedeutet, sondern sich dabei viel eher das Gefühl einstellt, »all-eins« zu sein. Das Loslassen schafft zudem Raum für neue Interessen oder versteckte Fähigkeiten. Vielleicht ergibt sich ein künstlerisches Hobby. Ich kenne Frauen, die noch mit siebzig Astrologie oder alternative Heilverfahren studieren.

Je älter sie werden, umso stiller und zurückgezogener leben Menschen mit diesem Aszendenten – vorausgesetzt, sie sind im Frieden mit ihrem Karma. So können sie dann auch irgendwann auf dem Strom des Lebens hinübertreiben in die Anderswelt.

Aszendenten-Check

Wie ergänzen sich Sonne und Aszendent? Für die Bewältigung des Alltags hat die »doppelte Fischepersönlichkeit« mit dermaßen viel Wasser, ihrem Element, zuweilen Probleme, was sie sich einfach zugestehen sollte. Dafür ist sie sagenhaft sensibel, einfühlsam, fürsorglich und allem Psychischen gegenüber sehr aufgeschlossen.

Der Mond – Die Welt der Gefühle

Die Welt, die monden ist
Vergiss, vergiss, und lass uns jetzt nur dies
erleben, wie die Sterne durch geklärten
Nachthimmel dringen, wie der Mond die Gärten
voll übersteigt. Wir fühlten längst schon, wie's
spiegelnder wird im Dunkeln, wie ein Schein
entsteht, ein weißer Schatten in dem Glanz
der Dunkelheit. Nun aber lass uns ganz
hinübertreten in die Welt hinein, die monden ist.
Rainer Maria Rilke (1875–1926)

Die Bedeutung des Mondes

In einem Schöpfungsmythos heißt es, der Mond sei ein Kind der
Erde. Ein anderer beschreibt ihn als Teil unseres Planeten, den
dieser aus sich herausgerissen und in den Himmel geschleudert
habe, um damit Raum für das Wasser der großen Ozeane zu schaffen. Und dieses Wasser brachte der Erde Fruchtbarkeit. Zu letzterer Geschichte würde passen, dass das Volumen des Mondes,
großzügig bemessen, etwa so groß ist wie der Raum, den alle
Meere zusammen einnehmen.

Unter den Gestirnen am nächtlichen Himmel ist der Mond uns
am nächsten und am vertrautesten. Er nimmt der Nacht ihre tiefe
Dunkelheit und schenkt damit Trost und Hoffnung. Er ist uns so
vertraut, dass wir in ihm menschliche Umrisse zu erkennen meinen: Seine Schatten bilden ein Gesicht, wir sehen eine alte Frau
oder den Mann im Mond mit einem Reisigbündel auf dem Rücken.
Er ist Gegenstand von Traumwelten. Wir besingen ihn in Gedich-
ten und kraxeln mit Münchhausen an der Bohne zu ihm hoch
oder umkreisen ihn mit Jules Verne.

Blicken wir zum Mond, erfahren wir Wandel und Veränderung:
Täglich ist er ein Stück größer oder kleiner und geht früher oder
später auf und unter. Manchmal ist er überhaupt nicht zu sehen,

und dann wieder scheint er so hell, dass die Nacht fast zum Tag wird. Nimmt er zu, taucht er schon am Nachmittag als bleiches, fast durchsichtig erscheinendes Gebilde am Himmel auf, das von Stunde zu Stunde kräftiger wird, bis es sich hellweiß vom blauen Himmel abhebt. Nimmt er ab, bleibt er noch lange am Tageshimmel wie ein Phantom, das immer blasser und formloser wird, um sich schließlich wie ein Wolkengespinst in nichts aufzulösen. Das Geheimnisvolle, das Veränderliche, das Tröstende und das Ängstigende, das sind die unmittelbaren Begleiter des Mondes.

Als Gegenspieler zur brennenden Sonne bringt der Mond erfrischende Kühle. Und das ist eine wichtige Qualität. Vor allem in der südlichen Hemisphäre, besonders in den unendlichen Weiten der Wüsten, galt der Mond schon immer als Manifestation von Fruchtbarkeit, und das einfach deswegen, weil während eines Großteils des Jahres allein die Nacht die Kühle bringt, die Mensch und Natur benötigen, um zu leben und zu überleben. Die sich füllende und wieder leerende Schale am Himmel ist dort ein Symbol für Quelle und Wasser und damit für die wichtigsten »Schätze« der Wüste. Dass ein Land wie Tunesien, dessen Gebiet sich zu einem großen Teil über die Sahara erstreckt, den Mond in seinem Wappen trägt und ihm damit ein überragendes Denkmal setzt, ist weder ein Wunder noch ein Zufall.

Vom Wasser und Fruchtbarkeit bringenden Mond ist es nur ein kleiner Schritt zum größten Mysterium des Lebens, nämlich zu Schwangerschaft und Geburt. Die Astrologie verbindet den Mond mit dem Urweiblichen – von der Empfängnis über die Schwangerschaft und Geburt bis hin zum mütterlichen Stillen und dem Muttersein selbst. Die offensichtlichste Analogie zwischen Frau und Mond ist natürlich, dass sein Lauf von einem Vollmond bis zum nächsten genauso lange dauert wie ein weiblicher Zyklus, nämlich vier Wochen.

In allen Mythen, Geschichten und Erzählungen über den Mond wird er als weiblich, die Sonne hingegen als männlich gesehen. In den romanischen Sprachen setzt sich diese Tradition fort: So heißen Sonne und Mond im Italienischen *la luna* und *il sole*, im Französischen *la lune* und *le soleil*. Warum der Mond im Deutschen männlich, die Sonne hingegen weiblich ist, mag ein zufälliger Dreher sein. Zu vermuten ist allerdings, diese Zuordnung könnte bedeuten, dass in unserer Sprache ein Wechsel geschlechtsspezifischer Prägung möglich ist – mit allen Vor- und sämtlichen Nachteilen.

Der Mond also – gemeint jedoch ist die »Möndin« – stellt die Verkörperung alles Weiblichen dar. Dass dies automatisch nur auf Frauen zutreffen muss, ist damit keineswegs gesagt. Warum sollte ein Mann nicht »weiblich« sein können – und umgekehrt eine Frau nicht auch »männlich«? In manchen »Mondländern« jedenfalls ist die überkommene Fixierung der Geschlechterrollen zum Teil unerträglich: Es ist für die Gesellschaft sicher wichtig, dass Frauen als potenziellen Müttern Achtung entgegengebracht wird; aber es ist *ver*achtend, ihnen darüber hinaus keine Aufgaben zuzugestehen. Dass sie, wenn sie keine Kinder mehr bekommen können, nicht viel mehr »wert« sein sollen als eine Ziege oder ein Kamel, verletzt schlichtweg die Menschenwürde.

Zurück zum Mond: Er empfängt, geht schwanger, gebärt, nährt, hegt und pflegt. Genau das Gleiche »macht« er in unserem Horoskop, also mit uns: In dem Tierkreiszeichen, in dem er sich bei der Geburt gerade befindet, ist sein Standort, sein Zuhause. Dort will und muss er seiner Bestimmung nachkommen und wird im Laufe eines menschlichen Lebens empfangen, schwanger werden, gebären, nähren, hegen und pflegen.

Darin unterscheidet sich der Mond von der Sonne, die Energie und Vitalität in uns entzündet und damit Lebensfreude und Schaffenskraft stiftet. Der Mond empfängt. Er bekommt die Kraft und das Licht der Sonne, um zu leuchten, so wie in der traditionellen Rollenverteilung die Frau des Schutzes und der Versorgung durch den Mann bedarf. Aber der Schluss, Mondlicht wäre nur reflektierter Sonnenschein, ist falsch. Die Astrologie weiß von ureigenen Kräften des Erdtrabanten. Er transformiert Sonnenenergie. Um sich wenigstens etwas von dieser Umgestaltungskraft vorstellen zu können, sei auf den Vorgang von Zeugung und Schwangerschaft verwiesen: Der Same wäre dann der »Beitrag« der Sonne (des Mannes). Dass daraus schließlich ein menschliches Wesen wird, wäre wiederum die »Zugabe« des Mondes (der Frau). Bei der Sonne fragt der Astrologe: »Was kann ich? Wo ist mein größtes Potenzial?« Beim Mond fragt er: »Wo bin ich zu Hause? Wo fühle ich mich wohl? Wie erlebe und fühle ich? Wo will ich ›gebären und fruchtbar werden‹?« Und das ist natürlich in keiner Weise »nur« aufs Kinderkriegen beschränkt.

Der Mond als sich wandelnder himmlischer Geist war aber auch schon immer ein Symbol für das Innenleben. Verweist uns die Sonne auf unsere Fassade, die äußere Erscheinung, mit der wir uns der Welt präsentieren und von der wir uns wünschen, dass uns andere auch so erleben, verrät uns der Mond unsere Empfindungen, unsere Gefühle. Darüber sprechen wir nicht mit jedem, wir offenbaren sie nur den Menschen, die uns nahe sind und denen wir vertrauen. Das Sternzeichen, der Stand der Sonne, beleuchtet unser öffentliches Sein. Der Mond hingegen spielt im zwischenmenschlichen und damit eher im privaten Sein eine große Rolle.

Aber es geht noch tiefer, wird noch geheimnisvoller: Der Mond ist nicht nur zuständig für unser Innenleben. Er blickt auch in einem übergeordneten Sinn »dahinter«: Der Mond – die »Möndin« – öffnet ein Fenster in eine andere Dimension. In unserer westlichen Zivilisation ist der Zugang meist nur wenigen begnadeten Seelen möglich. Oft sind das Künstler. Ein wunderbares Beispiel ist das Gedicht von Rainer Maria Rilke über den Mond, das diesem Kapitel als Einstimmung vorangestellt ist. Aber auch während eines Sommeraufenthalts in Italien oder Griechenland lässt sich etwas vom Mythos Frau Lunas erahnen, dann nämlich, wenn sich wie aus dem Nichts heraus am helllichten Tag ein Geist am Himmel offenbart, der sehr viel später erst zum Mond wird. Noch viel deutlicher aber ist es in der Wüste, der Urheimat der Astrologie. Dort ist der Trabant kein fremdes Gestirn, sondern eine Göttin, die sich am Himmel offenbart und einen Türspalt offen lässt für diejenigen, die bereit sind, hinüberzuschauen. Der Mond verkörpert auch die heilige Schale der Taufe und die Einweihung in die Geheimnisse des Seins. Dort, wo er im Horoskop steht, findet sich die Gnade, an übersinnlichen Erfahrungen teilzuhaben. Er ist eine Pforte in das Reich der Mystik und Spiritualität. Der Mond führt zu Gott, nicht unser Zentralgestirn.

Frauen sind dem astrologischen Mond näher als ihrer Sonne. Sie müssten sich daher eigentlich auch eher an ihrem Mond- als an ihrem Sternzeichen orientieren. Es ist aber so, dass sich die gängige Astrologie an der Sonne und damit am Männlichen ausrichtet: Ein Sonnen- oder Sternzeichenhoroskop findet man beinahe in jeder Zeitung, das Mondzeichenhoroskop hingegen in keiner einzigen.

Je mehr eine Frau allerdings aus ihrer klassischen Rolle einer Mutter und Hausfrau herauswächst und »ihren Mann steht«, desto stärker wird sie auch ihre Sonne leben. Allerdings wäre es völlig falsch, wenn sie den Mond dann unberücksichtigt ließe. Eine bewusste und emanzipierte Frau schöpft aus beiden: Führungsaufgaben, die von Männern grundsätzlich hierarchisch gelöst werden, packen Frauen anders an. Sie lassen mehr Nähe (Mond) zu und motivieren ihre Mitarbeiter dadurch auf einer persönlicheren Ebene. Auch bei Entscheidungen sind Frauen, die sowohl Logik (Sonne) als auch Intuition (Mond) zulassen können, Männern überlegen, die sich nur nach der Sonne richten.

Während Frauen ihren Mond eher unmittelbar selbst leben, neigen Männer dazu, sich eine Frau zu suchen, die ihrem Mond entspricht. Insofern gelten die Aussagen über die einzelnen Mondpositionen für Männer nur indirekt, sie beschreiben sozusagen »Suchbilder«. Ein solches Bild bezieht sich dann auf die Frau, mit der man zusammenleben will und die möglicherweise sogar die Mutter gemeinsamer Kinder wird.

☾ Der Mond ist der Hausplanet oder das herrschende Gestirn des Krebszeichens und übernimmt auch das Element des Zeichens, also Wasser. Das astrologische Symbol besteht aus zwei Halbkreisen – dem Ursymbol des Seelischen.

Auf den folgenden Seiten finden sich die zentralen Eigenschaften der zwölf Mondpositionen. Bei der individuellen Anwendung ist stets zu berücksichtigen, dass die Mondposition immer auch durch die Häuser und durch Verbindungen mit verschiedenen Gestirnen eine andere Färbung bekommen und im Einzelfall auch einmal stark von den hier genannten Deutungen abweichen kann.

Ihre exakte Mondposition können Sie wieder über die Homepage des Autors herunterladen (www.bauer-astro.de).

Die Fische und ihre Mondzeichen

Der Mond im Zeichen Widder – Temperamentvoll

Mondstärken Unternehmungslust, Impulsivität, Direktheit, Selbständigkeit, Ichhaftigkeit, Suche nach eigenständiger Wirksphäre, intensives Phantasieleben, musikalische oder bildnerische Begabung, Ideenträger sein, Erspüren von Macht
Mondschwächen Aggressivität, Spannung, Ungeduld, Nervosität

Die Botschaft des Mondes lautet: »Das Leben ist ein immerwährender Kampf. Sei wachsam und bereit. Lass dich nicht unterkriegen, sondern versuch, dir einen der vorderen Plätze im Leben zu ergattern. Das ist deine Bestimmung. Du brauchst zwar Pausen, in denen du auftanken kannst, aber zu lange darfst du dich nie dem aktiven Leben entziehen. Sonst könntest du zurückfallen und untergehen. Du brauchst Erfolgserlebnisse. Sie sind der Stoff, der dich am Leben hält. Sei immer auf der Hut!«

Mond-Check

Wie weiblich macht dieser Mond? Nicht besonders stark. Widder ist ein sehr männliches Zeichen.
Wie mütterlich macht dieser Mond? Man wird ein »Kumpel zum Pferdestehlen«, aber kein ausgeprägter Muttertyp.
Wie gefühlvoll macht dieser Mond? Er macht sehr feurig. Aber das bedeutet nicht, dass man in Gefühlen geradezu badet.
Wie intuitiv macht dieser Mond? Sehr sensibel und unglaublich phantasievoll.
Was braucht man mit diesem Mond? Wärme, Selbstbestätigung, Aufmerksamkeit, Anerkennung.
Für den Mann: Wie lautet das Suchbild »(Mond-)Frau«? Sie soll temperamentvoll, ichhaft, bestimmend, aktiv sein und darf ruhig auch den Ton angeben.

Der Mond im Zeichen Stier – Erdverbunden

Mondstärken Lebensfreude, Genuss, gefestigtes Gefühlsleben, Naturliebe, Musikalität, Sammelleidenschaft, Gutmütigkeit, Häuslichkeit, Geschmack

Mondschwächen Antriebsschwäche, Materialismus, Geiz, Gier

Die Botschaft des Mondes lautet: »Du bist ein Kind der Erde. Verbinde dich daher stets mit ihr. Hier findest du alles, was du brauchst. Lass die Erde auch deine Lehrmeisterin sein. Lerne von ihr. Beobachte, wie alles mit einem Samen – also klein – beginnt und mit der Zeit immer größer wird. Sei geduldig, und Größe und Reichtum sind dir sicher. Lerne auch von der Mutter Erde, dass alles einem Kreislauf folgt. Sei also bereit, zu bestimmten Zeiten loszulassen, um dann wieder neu empfangen zu können.«

Mond-Check

Wie weiblich macht dieser Mond? Sehr weiblich. Er ist beinahe so etwas wie der Inbegriff von Weiblichkeit.

Wie mütterlich macht dieser Mond? Kinder und Familie gehören zu ihm.

Wie gefühlvoll macht dieser Mond? Er beschert ein sehr natürliches und selbstverständliches Gefühlsleben.

Wie intuitiv macht dieser Mond? Man fühlt sich den Geschöpfen der Natur sehr nahe und bezieht aus der Natur Kraft und Intuition.

Was braucht man mit diesem Mond? Seinen Platz, ein Zuhause, Sicherheit, einen gewissen Wohlstand.

Für den Mann: Wie lautet das Suchbild »(Mond-)Frau«? Sie soll praktisch, sinnlich und fürsorglich sein.

Der Mond im Zeichen Zwillinge – Heiter

Mondstärken Vielseitigkeit, Ausdrucksfähigkeit, Kontaktfreude, schriftstellerische Begabung, intuitives Erfassen anderer Menschen, gute Selbstdarstellung
Mondschwächen Oberflächlichkeit, Manipulation, Enttäuschungen, Zerrissenheit

Die Botschaft des Mondes lautet: »Du bist aus dem Element Luft geboren, leicht wie sie und grenzenlos. Das musst du dir als dein Lebensprogramm immer vor Augen halten: Niemand und nichts darf dich je einengen oder festhalten. Du wirst dich selbst binden und festsetzen, aber nie für immer und stets so, dass du jederzeit entweichen kannst. Deine Bestimmung ist, Menschen miteinander zu verbinden, ein Netz von Beziehungen zu erstellen. Unter Menschen fühlst du dich zu Hause.«

Mond-Check

Wie weiblich macht dieser Mond? Zwillinge ist ein männliches Zeichen und prägt entsprechend.
Wie mütterlich macht dieser Mond? Es ist absolut kein »Muttertyp« zu erwarten.
Wie gefühlvoll macht dieser Mond? Der Zugang zu tiefen Gefühlen fällt recht schwer.
Wie intuitiv macht dieser Mond? Menschen mit dieser Konstellation reagieren oft sehr intuitiv.
Was braucht man mit diesem Mond? Menschen um sich, Unterhaltung, Ansprache, Freunde.
Für den Mann: Wie lautet das Suchbild »(Mond-)Frau«? Sie soll kommunikativ, gebildet, unterhaltsam und freiheitsliebend sein.

Der Mond im Zeichen Krebs – Gefühlvoll

Mondstärken Für andere da sein, Erlebnistiefe, seelische Beeindruckbarkeit, ausgeprägtes Traumleben, starke unbewusste Kräfte, mütterlich und häuslich sein, starkes Innenleben, große Einfühlungsgabe, telepathische Fähigkeiten

Mondschwächen Täuschungen, unverstanden sein, Launenhaftigkeit, Mutterprobleme

Die Botschaft des Mondes lautet: »Du bist mir besonders nah. Fest sind wir miteinander verbunden. Daher veränderst du dich mit meinem Wandel: Werde ich schmäler, willst auch du dich verausgaben. Bin ich ganz verschwunden, ziehst du dich ebenfalls zurück. Umgekehrt ist es dir danach, dich zu zeigen, fröhlich und extravertiert zu sein, wenn ich wieder größer werde. Dir öffne ich auch – mehr als jedem anderen – ein Fenster, damit du hinüberschauen kannst in die Welt der Wunder.«

Mond-Check

Wie weiblich macht dieser Mond? Extrem weiblich.

Wie mütterlich macht dieser Mond? Eigene Kinder und eine Familie, für die man sorgen kann, gehören zu dieser Konstellation.

Wie gefühlvoll macht dieser Mond? Es entwickelt sich ein starkes Gefühlsleben.

Wie intuitiv macht dieser Mond? Träume und Intuition haben große Tiefe.

Was braucht man mit diesem Mond? Eine Familie, Kinder, immer wieder Zeit für sich.

Für den Mann: Wie lautet das Suchbild »(Mond-)Frau«? Sie soll die Mutter »seiner« Kinder werden, häuslich, liebevoll und fürsorglich sein.

Der Mond im Zeichen Löwe – Stolz

Mondstärken Darstellungskunst, Selbstvertrauen, Kreativität, Gerechtigkeitsempfinden, Unternehmungsgeist, schauspielerische Talente

Mondschwächen Theatralik, Übertreibung, Trägheit, Faulheit, Narzissmus

Die Botschaft des Mondes lautet: »Du hast einen besonders starken Mond, einen, der ständig in seiner vollen Größe zu sein scheint. Das führt dazu, dass du ein ausdrucksstarker, emotionaler Mensch bist. In dir entspringt eine Quelle ununterbrochener Kreativität und Inspiration, das äußert sich als starkes Phantasie- und Traumleben. Du musst Möglichkeiten finden, dein inneres Erleben nach außen zu transportieren. Du verkümmerst, wenn du dein Mondgeschenk nicht lebst.«

Mond-Check

Wie weiblich macht dieser Mond? Löwemond-Menschen sind feurig und stark.

Wie mütterlich macht dieser Mond? Sie übernehmen gern die Mutterrolle, um andere zu verwöhnen.

Wie gefühlvoll macht dieser Mond? Sie haben spontane, feurige Gefühle, verlieren sie aber auch schnell wieder.

Wie intuitiv macht dieser Mond? Licht und Wärme nähren ihre Intuition und führen zu großer Kreativität und Schöpferkraft.

Was braucht man mit diesem Mond? Feuer, Wärme, Sonne, aber auch Bestätigung und Achtung: Daraus besteht dieses Lebenselixier.

Für den Mann: Wie lautet das Suchbild »(Mond-)Frau«? Eine starke Frau soll es sein, der man gern auch die Regie über Haus und Familie anvertraut.

Der Mond im Zeichen Jungfrau – Vorsichtig

Mondstärken Vorhersehen können, Organisations- und Konzentrationsfähigkeit, Ordnungsliebe, Gespür für gesundheitliche Belange, bewusste Ernährung, Zugang zu geheimem Wissen
Mondschwächen Abhängigkeit von Zuwendung

Die Botschaft des Mondes lautet: »Das Leben ist keine Autobahn, auf der es immer geradeaus geht. Ein Weg voller Überraschungen erwartet dich. Daher ist es wichtig, dass du stets hellwach bist, um zu wissen, was kommt. Ich, dein Mond, habe dich deshalb auch mit der Gabe der Vorausschau ausgestattet, damit du nie im Dunkeln tappst. Aber du bist auch ein Erdzeichen, ein Kind unseres Planeten. Dies bedeutet, dass du mit der Zeit seinen gesetzmäßigen Lauf immer besser erkennst. Es hilft dir, dein Leben zu beruhigen. Lerne daher von der Erde und dem Wechsel der Jahreszeiten.«

Mond-Check

Wie weiblich macht dieser Mond? Er macht eher mädchenhaft als weiblich (und eher burschikos als männlich).

Wie mütterlich macht dieser Mond? Frauen mit dieser Mondstellung sind keine »schlechten Mütter«, fühlen sich aber oft zu etwas anderem berufen.

Wie gefühlvoll macht dieser Mond? Empfindungen gegenüber macht er eher misstrauisch.

Wie intuitiv macht dieser Mond? Die Erde offenbart ihr Wissen, so dass die Betreffenden es zum Beispiel auch für heilendes Wirken anwenden können.

Was braucht man mit diesem Mond? Kontakt mit Mutter Erde, Sicherheit, einen Lebensplan.

Für den Mann: Wie lautet das Suchbild »(Mond-)Frau«? Sie soll klug und praktisch sein, ihr Gefühlsleben unter Kontrolle haben, und sie darf sich nicht in Abhängigkeiten verstricken.

Eine besondere Konstellation

Sie sind in der Vollmondphase (zwei Tage vor bis zwei Tage nach dem Vollmond) geboren und damit ein besonderer Mensch. Denn Sie tragen in sich die lebendige Spannung zwischen Mann und Frau am deutlichsten. Das führt zu einem reichen und faszinierenden Beziehungsleben. Es kann aber auch große Konflikte für Partnerschaft und Liebe bringen.

Der Mond im Zeichen Waage – Ausgewogen

Mondstärken Andere spüren können, gern unter Leuten sein, Kontaktfreude, Sinn für Ästhetik, Kunst, Schönheit, verbindend und ausgleichend sein, Gerechtigkeitsliebe
Mondschwächen Entscheidungsunfähigkeit, Antriebsarmut, Überempfindlichkeit, Abhängigkeit

Die Botschaft des Mondes lautet: »Du hast eine Art Wünschelrute, mit deren Hilfe du jedes Ungleichgewicht erspüren kannst. Lebt jemand in Disharmonie, oder herrscht eine Unstimmigkeit zwischen Menschen, schlägt dein magisches Instrument augenblicklich aus. Am schnellsten reagierst du auf eigene Störungen, weswegen es für dich sehr wichtig ist, in Harmonie und Frieden zu leben und dein Umfeld entsprechend auszuwählen. Andere suchen dich auf, weil du sie nicht nur bestens verstehst, sondern auch dazu beiträgst, für Versöhnung und Eintracht in ihrem Leben zu sorgen.«

Mond-Check

Wie weiblich macht dieser Mond? Er macht zärtlich, einfühlsam und auch weiblich, aber nicht im Übermaß.
Wie mütterlich macht dieser Mond? Menschen mit dem Mond im Zeichen Waage können sich Kindern gegenüber schlecht durchsetzen.
Wie gefühlvoll macht dieser Mond? Stimmungen lieben sie, starke Emotionen aber bereiten Probleme.

Wie intuitiv macht dieser Mond? Man ist sehr sensibel und ungeheuer phantasievoll.
Was braucht man mit diesem Mond? Eine harmonische Umgebung
und ausgeglichene Beziehungen.
Für den Mann: Wie lautet das Suchbild »(Mond-)Frau«? Sie muss
feinsinnig, geschmackvoll, sehr einfühlsam und liebesfähig sein.

Der Mond im Zeichen Skorpion – Tiefgründig

Mondstärken Hinterfragen, aufdecken, im
Krisenfall Stärke zeigen, okkulte Fähigkeiten,
suggestive Ausstrahlung, großer Familiensinn
Mondschwächen Nicht loskommen von der Mutter, Despotismus, krankhafte Eifersucht, Misstrauen

Die Botschaft des Mondes lautet: »Da das Wesentliche, Eigentliche und Wahre in aller Regel nicht offensichtlich wird, ist es
deine Bestimmung, dich bis ins Innerste der Menschen hineinzu-
spüren. Deinem Röntgenblick bleibt nichts verborgen. Jeden
unterziehst du einer Prüfung, und nur wenn er sie besteht, lässt du
dich auf eine Beziehung ein. Letztlich suchst du so ein Gegenüber,
das dich ergänzt – dein Du –, um mit ihm eine Familie zu grün-
den. In deinen Kindern lebst du weiter. Sie geben dir Zukunft,
auch wenn es dich nicht mehr gibt.«

Mond-Check

Wie weiblich macht dieser Mond? Menschen mit einem Skorpion-
mond verfügen über große weibliche Kräfte.
Wie mütterlich macht dieser Mond? Gute Mütter sind das – auch
die Männer …!
Wie gefühlvoll macht dieser Mond? Man empfindet tiefe Gefühle
und große Leidenschaft.
Wie intuitiv macht dieser Mond? Die Betreffenden sind visionär
und haben magische Fähigkeiten.
Was braucht man mit diesem Mond? Vertrauen und Sicherheit.

Für den Mann: Wie lautet das Suchbild »(Mond-)Frau«? Sie muss stark und bereit sein für ein ehernes Bündnis und gemeinsame Kinder.

Der Mond im Zeichen Schütze – Sinnstiftend

Mondstärken Optimistisch, motivierend, begeisternd, vielseitig, schriftstellerische Talente, sportliche Fähigkeiten, gut im Ausland leben können
Mondschwächen Blauäugigkeit, Naivität, Phantasterei

Die Botschaft des Mondes lautet: »Du bist auf die Welt gekommen, um der Dunkelheit ein Ende zu bereiten, dem Guten und Gesunden zum Sieg über das Böse und Kranke zu verhelfen. Verstehen, einen Sinn verleihen, verzeihen – so lauten deine Waffen, mit denen du ins Feld ziehst und siegreich zurückkommst. Du bist wie eine heilige Schale, welche alle Waffen stumpf macht, die in sie gelegt werden. Schlimmes wird erlöst. Wunden können heilen. Friede kehrt ein.«

Mond-Check

Wie weiblich macht dieser Mond? Auch als Frau stehen diese Menschen leicht ihren Mann.
Wie mütterlich macht dieser Mond? Zu viel Mütterlichkeit ist ihnen suspekt.
Wie gefühlvoll macht dieser Mond? Sie sind feurig, ekstatisch, aber nicht gerade gefühlvoll.
Wie intuitiv macht dieser Mond? Man verfügt über große Intuition und Seelenstärke.
Was braucht man mit diesem Mond? Eine Aufgabe, die etwas Sinnvolles zum Ziel hat.
Für den Mann: Wie lautet das Suchbild »(Mond-)Frau«? Sie muss selbständig, aktiv, sportlich sein. Man muss sich mit ihr auch geistig austauschen können.

Der Mond im Zeichen Steinbock – Überpersönlich

Mondstärken Klares Gefühlsleben, Selbstbeherrschung und Pflichtbewusstsein, Streben nach Objektivität und Durchsichtigkeit, Ernsthaftigkeit, Liebe zum Beruf

Mondschwächen Sich selbst zu negativ sehen, abhängig sein von beruflichem Erfolg, Gefühlskontrolle

Die Botschaft des Mondes lautet: »Du bist mit der Gabe gesegnet, das Allgemeine und Wesentliche auch im Einzelnen und Persönlichen zu erkennen. Das macht dich zu einer Person, die den Menschen in ihrer Gesamtheit verpflichtet ist. Dafür tritt das Persönliche und Individuelle bei dir zurück. Es wird unbedeutend. Du bist Wächter und Bewahrer des Seelischen, Stimmigen und Wahren.«

Mond-Check

Wie weiblich macht dieser Mond? Menschen mit dieser Mondposition sind sehr weiblich, ohne es immer nach außen hin deutlich zu zeigen.

Wie mütterlich macht dieser Mond? Auch ihre Mütterlichkeit ist ausgeprägt, aber nicht unbedingt für eigene Kinder.

Wie gefühlvoll macht dieser Mond? Sie unterscheiden echte und wahre Gefühle von Emotionen, die vorgetäuscht werden.

Wie intuitiv macht dieser Mond? Die Betreffenden haben die Fähigkeit, Visionen zu entwickeln.

Was braucht man mit diesem Mond? Eine Aufgabe für die Allgemeinheit.

Für den Mann: Wie lautet das Suchbild »(Mond-)Frau«? Sie soll eine gewisse Persönlichkeit ausstrahlen, stark und selbständig sein.

Der Mond im Zeichen Wassermann – Schöpferisch

Mondstärken Sozial, human, freundlich, aufgeschlossen, ungebunden, Veränderungsliebe, Reise-
freude, Erfindungsgabe, Intuitionskraft, Reformwillen
Mondschwächen Zwanghaft antiautoritäres Denken und
Handeln, Verwirrtheit

Die Botschaft des Mondes lautet: »Du bist mit einer schöpferischen Quelle verbunden, in der ununterbrochen Neues geboren,
Altes verwandelt und neu gestaltet wird. Das Unvorhersehbare,
Neue und Fremde ist deine Heimat. Das führt manchmal dazu,
dass du dir selbst in deinem Inneren fremd vorkommst, voller
Widersprüche steckst und nicht mehr recht weißt, wer du bist und
woher du kommst. Solche Phasen dienen aber der Vorbereitung
eines neuen schöpferischen Schubs. Du darfst dich davon nicht
verwirren lassen.«

Mond-Check

Wie weiblich macht dieser Mond? Männlich oder weiblich? Beide
Seiten sind Menschen mit dieser Konstellation vertraut.
Wie mütterlich macht dieser Mond? Sie sind der beste Gefährte
und Freund aller Kinder, aber nicht der klassische Muttertyp.
Wie gefühlvoll macht dieser Mond? Stimmungen sind wunderbar.
Emotionen gegenüber sind die Betreffenden misstrauisch.
Wie intuitiv macht dieser Mond? Sie haben häufig Offenbarungs-
träume, in denen sie Hinweise für ihren Lebensweg erhalten.
Was braucht man mit diesem Mond? Anregungen, Veränderungen
und die Möglichkeit, sich schöpferisch betätigen zu können.
Für den Mann: Wie lautet das Suchbild »(Mond-)Frau«? »Etwas
Besonderes« soll sie sein – frei, unabhängig – und sich von ande-
ren Frauen unterscheiden.

Der Mond im Zeichen Fische – Geheimnisvoll

Mondstärken Medialität, heilerische Qualitäten,
Kraft durch Glauben, Sensibilität, Liebe für andere,
Liebe zur Schöpfung, verlässliches instinkthaftes Gespür
Mondschwächen Wirre Phantasievorstellungen, Unsicherheit,
Bindungslosigkeit

Die Botschaft des Mondes lautet: »Du bist wie der Mond, der sich am Vormittag noch am blauen Himmel zeigt, bis er mit ihm auf rätselhafte Weise verschmilzt – schillernd, beinahe durchsichtig und im Inneren zerbrechlich und fein. Du bist dem Gefäß, in dem die Seele wohnt, sehr nahe und weißt, dass man sie nicht fassen kann. Sie zeigt sich nur denen, die ohne Absicht sind, Kindern und Heiligen. Du bist voller Liebe für alles, was unvollkommen ist, kannst heilen und versöhnen.«

Mond-Check
Wie weiblich macht dieser Mond? Äußerst weiblich.
Wie mütterlich macht dieser Mond? Menschen mit einem Fische-mond fühlen sich als Mutter der gesamten Schöpfung.
Wie gefühlvoll macht dieser Mond? Sie sind unglaublich gefühlvoll.
Wie intuitiv macht dieser Mond? Mehr an Intuition weist keine der anderen Mondstellungen auf.
Was braucht man mit diesem Mond? Stille, Einkehr, Liebe und Verständnis für die geheimnisvollen Seiten des Seins.
Für den Mann: Wie lautet das Suchbild »(Mond-)Frau«? Sie soll liebevoll, geheimnisvoll, fast engelhaft sein.

Eine besondere Konstellation

Sie sind in der Neumondphase (zwei Tage vor bis zwei Tage nach Neu-mond) geboren. Sie sind damit ein besonderer Mensch. Denn in Ihnen ist eine große Sehnsucht nach inniger Nähe zu geliebten Menschen, die Sie in einer erfüllten Partnerschaft zu verwirklichen versuchen.

Merkur – Schlau, beredt, kommunikativ und göttlich beraten

Die Bedeutung Merkurs

Der römische Gott Merkur entspricht ganz dem Hermes der griechischen Mythologie. Er war ein ausgesprochen schillernder Gott, versehen mit zahlreichen Eigenschaften und Funktionen. Respekt und Bewunderung erwarb er sich durch Klugheit und Raffinesse. So stahl er, gerade erst als Sohn des Jupiter bzw. Zeus und der Nymphe Maia geboren, dem Gott Apoll eine Rinderherde. Von diesem zur Rede gestellt, spielte er auf einem mit Fell und Saiten versehenen Schildkrötenpanzer derart gekonnt auf, dass Apolls Zorn verflog und er ihm die Rinder im Tausch gegen das Musikinstrument überließ. Ganz nebenbei hatte Merkur auf diese Weise die Lyra erfunden, jenes zauberhafte Instrument, mit dem später Orpheus Menschen wie Götter verzauberte.

Gott Merkur war also klug und listig, und genau diese Fähigkeit verleiht er auch dem Menschen. Er macht beredt, erfinderisch und verhilft einem auch mal zu einer guten Ausrede. Wegen seiner listigen Eigenschaften wurde er zum Gott der Kaufleute, Diebe und Bänkelsänger. Seine Fröhlichkeit machte ihn zum Schutzpatron all derjenigen, die auf heiteren Wegen wandeln. Und sein Diebstahl der Kühe ließ ihn selbstredend zum Gedeihen der Viehherden beitragen. Infolge seiner Lust am Reden und seines Talents, sich allemal in ein günstiges Licht zu setzen, wurde er der göttliche Freund all derer, die viel sprechen, schreiben und auf der Bühne stehen: Dichter, Sänger, Schauspieler, Politiker, Talkmaster, Ansager, Komiker, Artisten oder Musiker. Wie wir denken, reden, kommunizieren, uns darstellen und uns verkaufen, das alles verrät die Position Merkurs in unserem Horoskop. Er verkörpert unsere unbeschwerte Seite und den leichtesten Weg, den man gehen kann.

Aber Merkur hat noch mehr auf Lager: Bei den Griechen galt er als Diener Jupiters und als Götterbote, der zwischen dem Olymp, dem Wohnort der Unsterblichen, und den Menschen drunten auf der Erde vermittelte. Und er begleitete auch die Seelen der Verstorbenen in die Unterwelt. Er besaß geflügelte Sandalen und einen geflügelten Hut, damit er rasch hin und her eilen konnte. Ein weiteres Attribut war sein goldener Heroldsstab, das Kerykeion, ein Zauberstab.

Hermes überbrachte also den Willen seines Vaters Zeus. So führte er zum Beispiel in dessen Auftrag Hera, Athene und Aphrodite zum Idagebirge, wo Paris den goldenen Apfel der – seiner Wahl nach – schönsten der Frauen überreichen sollte. Seine Entscheidung für Aphrodite, die ihm dafür Helena versprochen hatte, löste später bekanntlich den Trojanischen Krieg aus.

Tatsächlich fungiert Merkur auch in der Astrologie als eine Art Empfangs- und Sendestation. Wo er sich in unserem Horoskop befindet, sind uns die Götter besonders nah und übermitteln uns ihre Botschaften und Nachrichten. Umgekehrt können wir dort die Götter am ehesten erreichen.

Merkur ist der sonnennächste Planet. Er zieht seine Kreise um unser Zentralgestirn so eng, dass er sich nie mehr als maximal ein Zeichen von der Sonne entfernen kann. Das führt auch dazu, dass in vielen Horoskopen Merkur die gleiche Tierkreiszeichenposition einnimmt wie die Sonne.

☿ Das astrologische Symbol besteht aus einer Schale, einem Kreis und dem Kreuz. Die Schale symbolisiert seelische Empfänglichkeit. Der Kreis steht für die Dimension des Geistes, das Kreuz für Materie. Das Symbol in seiner Gesamtheit signalisiert, dass Seele und Geist über der Materie stehen und sie dominieren.

Auf den folgenden Seiten finden sich die wichtigsten Eigenschaften der Merkurposition von Fischegeborenen. Bei der konkreten Anwendung ist auch hier zu berücksichtigen, dass die Konstellation durch Verbindungen mit verschiedenen weiteren Gestirnen immer eine andere Färbung bekommen und im Einzelfall auch einmal stark von den genannten Deutungen abweichen kann.

Die exakte Merkurposition lässt sich wieder über die Homepage des Autors herunterladen (www.bauer-astro.de).

Die Fische und ihre Merkurzeichen

Merkur im Zeichen Widder – Schnelles Denken

Merkurstärken Schnelle Auffassungsgabe,
flinkes Denken, rasch auf den Punkt kommen
Merkurschwächen Flüchtig, unkonzentriert,
oberflächlich, rechthaberisch

Die Botschaft Merkurs lautet: »Du denkst blitzschnell, besitzt eine rasche Auffassungsgabe und hast keine Hemmungen, deine Gedanken laut kundzutun. Genauso schnell und direkt ist auch deine Art, auf andere zuzugehen. In deinem Kopf laufen zuweilen regelrechte Filme ab: Da wird diskutiert, gestritten, abgewogen, verglichen und, und, und. Dein Denken ist natürlich auch logisch und an deinen Erfahrungen orientiert.

Aber ich, dein Merkur, verleihe dir ebenso die Gabe der Inspiration, so dass Ideen und Gedankenblitze dir manchmal einfach ›zufallen‹, als kämen sie aus der Luft oder dem Nichts, als fielen sie vom Himmel. Diese Art zu denken macht dich erfinderisch, manchmal sogar schlichtweg genial. Dennoch bedürfen deine Ideen und Gedanken einer Überprüfung. Dazu brauchst du Menschen mit anderen Merkurpositionen. Du bist nämlich erst dann richtig gut und erfolgreich, wenn andere deine Ideen in die Tat umsetzen.«

Merkur-Check

Ist man mit diesem Merkur kontaktfähig? Man hat kaum Probleme, auf andere zuzugehen.
Was bringt einen »den Göttern« näher? Sich verausgaben, ekstatisch lieben, andere überzeugen.

Merkur im Zeichen Wassermann – Originelles Denken

Merkurstärken Außergewöhnliche Denkbegabung, Einfallsreichtum, Erfindergeist
Merkurschwächen Unkonzentriert, unsachlich

Die Botschaft Merkurs lautet: »Ich, dein Merkur, befähige dich zu abstraktem und originellem Denken. Du bist wach, hast einen lebhaften Verstand und bist ziemlich vorurteilsfrei. Du kannst Zusammenhänge rasch erfassen und leicht Beziehungen herstellen. Oft versuchst du dabei neue und ungewöhnliche Strategien. Dein ›Gehirn‹ ist daher wie geschaffen für Geniestreiche, Erfindungen und Erneuerungen. Immer dann, wenn es nach altem Muster nicht weitergeht, bist du gefragt.

Probleme bekommst du mit Menschen, die sich auf eingeschliffene Erfahrungen berufen. Jemand, der sagt: ›Das war doch schon immer so!‹, geht dir gegen den Strich. Auch wenn sich Denken und Gefühl miteinander vermischen, regt sich dein Widerstand. Die Gefahr besteht, durch deine Art mit der Zeit distanziert zu werden und am Ende isoliert dazustehen. Dabei bist du ein überaus sozialer Mensch, der Gespräche über Gott und die Welt schätzt. Kommst du in Fahrt, entpuppst du dich als ein großartiger Entertainer. Aber wie gesagt, du musst am ›Puls‹ der Menschen bleiben und darfst ihre Gefühle und Erfahrungen nicht despektierlich betrachten.«

Merkur-Check

Ist man mit diesem Merkur kontaktfähig? Man kann gut mit anderen Menschen auskommen.

Was bringt einen »den Göttern« näher? Innovative Ideen verfolgen, ungewöhnliche Methoden anwenden, frei und unkonventionell denken.

Merkur im Zeichen Fische – Intuitives Denken

Merkurstärken Tiefgründiges, emotional-instinktives Denken
Merkurschwächen Unkonzentriert, unsachlich, subjektiv,
launenhaft

Die Botschaft Merkurs lautet: »Deine Gefühle mischen sich oft in deinen Verstand ein und färben ihn subjektiv: Du denkst manchmal ›mit dem Bauch‹. Zu welchen Schlüssen du kommst oder welche Ideen du hast, hängt stark davon ab, wie es dir gerade geht, was du erlebst oder wie du dich fühlst. Auf der anderen Seite erreicht dein Denken auf diese Art Tiefe und Komplexität.

Mit mir, deinem Merkur im Zeichen Fische, besitzt du eine Art Instinkt, ein Wissen, das weit über normales Erfassen und Verarbeiten von Eindrücken hinausreicht: Ahnungen und Erinnerungen aus deinem Unterbewusstsein, manchmal auch wie aus einer anderen Welt oder gar aus einem früheren Leben. Dein Problem ist dann, nicht zu wissen, was du glauben sollst. Da ist einerseits die reale Welt, die sich auf Logik oder Erfahrungen beruft – und dort bist du mit deinen besonderen Quellen, aus denen du schöpfst. Wichtig ist, dass du beide Seiten anerkennst. Mit mir bist du ein Grenzgänger, vielleicht zwischen den Welten. Auf andere zuzugehen fällt dir nicht leicht. Du gehst davon aus, jeder sei ebenso empfindsam wie du und wolle nicht ›gestört‹ werden. Das ist natürlich ein Irrtum. Andere warten vielleicht gerade darauf, angesprochen und unterhalten zu werden. Du solltest dich daher öfter dazu ermutigen, selbstbewusster und selbstsicherer aufzutreten.«

Merkur-Check

Ist man mit diesem Merkur kontaktfähig? Nein, eher scheu und schüchtern, und man traut sich nicht, auf andere zuzugehen.
Was bringt einen »den Göttern« näher? Meditation, Stille, für sich sein.

Venus – Die Liebe

Die Bedeutung der Venus

Kurz nach Sonnenuntergang – der Westen badet sich noch in goldenem Rot, im Osten kündet stahlblauer Himmel die Nacht an – kann man sie sehen, die Venus. Sie ist so hell, dass man sie manchmal mit den Lichtern eines Flugzeugs verwechselt. Und in Gegenden, die nicht künstlich erleuchtet sind, überkommt den Betrachter bei ihrem Anblick das Gefühl einer außerirdischen Begegnung. Der Tag geht zur Ruhe, Venus läutet den Feierabend ein, jene Zeit, die weder der Arbeit noch dem Schlaf gehört, sondern der Muße – und der Liebe.

Aber Venus verzaubert nicht nur den Abend, sondern auch den Morgen. Denn die Hälfte des Jahres läuft sie, wie wir es von der Erde aus sehen, der Sonne nach, und sie steht dann als Venus des Abends nach Sonnenuntergang noch einige Zeit am Abendhimmel. Die andere Hälfte jedoch läuft sie der Sonne voraus und steigt als Venus des Morgens vor der Sonne über den östlichen Horizont als strahlende Botin des neuen Tages.

Venus oder ihr griechisches Pendant Aphrodite trug den Beinamen »Schaumgeborene« (griechisch *aphrós* = »Schaum«). Einem Mythos zufolge hat Kronos (Saturn[us]), der Vater des Zeus, seinen Vater Uranos mit der Sichel entmannt und das Zeugungsglied bei Zypern ins Meer geworfen. Aus dem Schaum, der sich dabei bildete, ist die Göttin der Schönheit entstanden.

Sie galt als die fruchtbare Patronin des blühenden Frühlings und der überströmenden Frühlingslust. Sie war die Beschützerin der Gärten, Blumen und Lusthaine. Ihre Lieblingsgewächse waren Myrten, Rosen und Lilien, ihre Frucht der Apfel, ihre bevorzugten Tiere Widder, Böcke, Hasen, Tauben und die bunten Schmetterlinge. Vor allem aber war Venus/Aphrodite eine Frau, deren unvergleichliche Schönheit die Männer betörte. Man fand schier kein Ende, all ihre Reize aufzuzählen: göttlicher Wuchs, strahlende Augen, verlockender Blick, rosenknospiger Mund, zierliche Ohren, reizender Busen und dergleichen mehr.

Im Vergleich zu ihr sah ihr hässlicher, hinkender Ehemann Hephaistos, der Gott des Erdfeuers und Schutzgott der Schmiede, ziemlich alt aus, wie man heute sagen würde. Jeder fragte sich, wie diese Schönheit einem so grobschlächtigen Mann zugetan sein konnte, auch Venus selbst: Sie nutzte denn auch jede Gelegenheit zu einem Seitensprung. Der bekannteste und folgenreichste war wohl jener mit Mars, dem Amor entstammte, der spitzbübische Junge mit den heimtückischen Liebespfeilen.

Die schöne Venus bekam ein würdiges Denkmal am Himmel: Das hellste Gestirn wurde nach ihr benannt. Je nach Position kündet Venus als »Abendstern« den Feierabend, vor Sonnenaufgang die nahende Morgenröte an.

»Venus« ist ein anderes Wort für »Liebe, Lust, Zärtlichkeit, Leidenschaft, Zweisamkeit, Anziehung, Nähe, Knistern, Flirten, Sehnsucht, Verschmelzung, Sinnlichkeit« und so fort. Aber jede Venusposition in den Tierkreiszeichen gibt all diesen Facetten der Liebe eine andere Färbung, ein bestimmtes Gewicht, einen spezifischen Glanz.

♀ Das astrologische Symbol besteht aus einem Kreuz und einem Kreis. Letzterer symbolisiert den Geist. Das Kreuz wiederum ist ein Sinnbild für die Materie: Der Kreis steht über dem Kreuz, er lenkt die Materie, führt sie zur Vollendung in der Liebe.

Auf den folgenden Seiten finden sich die bedeutendsten Eigenschaften der Venusposition von Fischegeborenen. Bei einer konkreten Anwendung ist wieder zu berücksichtigen, dass die Konstellation durch Verbindungen mit verschiedenen weiteren Gestirnen unter Umständen eine andere Färbung bekommt und im Einzelfall möglicherweise stark von den hier genannten Deutungen abweicht.

Auch die exakte Venusposition kann über die Homepage des Autors heruntergeladen werden (www.bauer-astro.de).

Die Fische und ihre Venuszeichen

Venus im Zeichen Widder – Stürmische Liebe
Venusstärken Spontan, direkt, feurig, leidenschaftlich, begeisterungsfähig, kunstliebend
Venusschwächen Egoistisch, überfordernd, zu einer übereilten Bindung führend, übertrieben, verschwenderisch

Die Botschaft der Venus lautet: »Besonders feinfühlig bist du nicht. Du sagst ohne Verschnörkelung, was du denkst. Dafür hast du auch nichts gegen einen klärenden Krach. Hinterher ist die Luft wieder reiner. Und was zu Bruch geht, war ohnehin nur eine Scheinidylle. Das klingt nach einem einfachen, kindlichen Gefühlsleben. Mag sein. Aber dafür bleibst du jung, erfrischend, charmant und immer für eine Überraschung gut – also ein probates Gegengift bei Langeweile. Und du bist nicht nachtragend. Du kommst leicht in Fahrt, spuckst auch mal Feuer und Galle, aber die Versöhnung ist auch nicht weit – und dann besonders süß.«

Venus-Check
Kann man mit dieser Venus gut allein sein? Eher nicht, aber man kommt schon zurecht.
Braucht man mit dieser Venus Sicherheit? Nicht so sehr, eher Lust, Unterhaltung und Vergnügen.
Besteht diese Venus auf Treue? Nicht ausgesprochen.
Macht diese Venus eifersüchtig? Ja, sogar extrem. Konkurrenten sind unausstehlich.
Findet man leicht einen Partner? Jederzeit. Man braucht nur loszuziehen.

Venus im Zeichen Stier – Praktische Liebe

Venusstärken Erotisch, gemütlich, natürlich, sympathisch, gesellig, unterhaltend, liebesfähig, treu
Venusschwächen Stur, bequem, äußerlich

Die Botschaft der Venus lautet: »Du bist ein ›Wonneproppen‹ und liebst das Leben mit all seinen Verführungen, seiner Schönheit und den unendlichen Sinnenfreuden. Niemals bekommst du genug davon. Und natürlich bist du beliebt: Weil du pragmatisch handelst und den bekannten Sinnspruch, dass Liebe durch den Magen geht, aufs köstlichste unter Beweis stellst. Weil du Geschmack hast und selbst ein Kellerloch in ein gemütliches Kuschelnest zu verzaubern vermagst. Weil du hingabefähig und treu bist und dennoch auf eigenen Beinen stehst. Allerdings braucht deine Liebe Zeit. Du bist kein ›Feuer-und-Flamme-Typ‹. Wahnsinnig stur kannst du auch sein: Was du dir einmal in den Kopf gesetzt hast, ziehst du durch. Aber du bist auch bequem und reagierst oft viel zu spät, wenn der Partnersegen einmal schiefhängt.«

Venus-Check

Kann man mit dieser Venus gut allein sein? Nein, man teilt seine Sinnlichkeit lieber mit jemandem.

Braucht man mit dieser Venus Sicherheit? Ja, extrem. Da muss man sogar loslassen lernen.

Besteht diese Venus auf Treue? Keine Frage: Der Partner wird mit niemandem geteilt.

Macht diese Venus eifersüchtig? Ja, und es drohen martialische Eifersuchtsszenen.

Findet man leicht einen Partner? Sicher. Man ist begehrt und hat daher diesbezüglich kaum Probleme.

Venus im Zeichen Steinbock – Beherrschte Liebe

Venusstärken Entwicklungsfähig, tief, erdig, verbunden, ehrgeizig, strebend

Venusschwächen Gefühlskalt, verstimmt, melancholisch

Die Botschaft der Venus lautet: »Partner, die beim Akt wie Hirsche röhren, ohne ihre(n) Geliebte(n) nicht einschlafen können und nur aus Angst vor dem Alleinsein in einer Beziehung bleiben: Dies alles ist nicht deine Vorstellung von Liebe! Du nimmst sie selbst in die Hand, bestimmst, wie es läuft, und hast deine Gefühle im Griff. Du kannst auch allein sein, weißt aber sehr wohl, wie man sich eine(n) Liebhaber(in) ›besorgt‹. Ein bisschen cool bist du auch. Steinbock ist ein Winterzeichen und befindet sich eher auf dem Rückzug, auf der Suche nach Schutz. Damit kommt man aber schwer an dich heran. Das musst du verstehen! Irgendwann in deinem Leben war es ›eiskalt‹. Vielleicht wurde deine Liebe sogar schon als Kind missbraucht. Sich zu schützen war lebenswichtig. Aber nichts bleibt immer so, wie es ist. Selbst nach dem kältesten Winter folgt der Frühling.«

Venus-Check

Kann man mit dieser Venus gut allein sein? Ja, das ist sogar eine Stärke.

Braucht man mit dieser Venus Sicherheit? Nein, man ist selbst sicher.

Besteht diese Venus auf Treue? Ja, und zwar absolut. Untreue löst den Rachereflex aus.

Macht diese Venus eifersüchtig? Nicht besonders.

Findet man leicht einen Partner? Nein, dazu ist man zu anspruchsvoll.

Venus im Zeichen Wassermann – Utopische Liebe

Venusstärken Frei, originell, fair, aufgeschlossen, unabhängig, kameradschaftlich
Venusschwächen Unpersönlich, distanziert, fremd, bindungsunfähig

Die Botschaft der Venus lautet: »Du bist wie jener Vogel, der freiwillig im Käfig bleibt und wunderschön zwitschert, solange die Tür sperrangelweit offen steht. Macht es ›Schnapp!‹, die Tür ist zu, beginnt der Vogel zu kreischen und zu toben. Nichts zu machen! Deine Liebe ist klaustrophobisch. Manchmal flippst du schon aus, wenn jemand die Fenster schließt oder beim Schlafen den Arm um dich legt. Das hat überhaupt nichts mit mangelnder Liebe zu tun: Deine Liebesfähigkeit ist über jeden Zweifel erhaben. Aber du brauchst ›Luft‹, Spielraum, Freiheit. Eifersucht, Besitzanspruch, Zweisamkeit: Derartige Wörter haben in einer Beziehung nichts zu suchen. In Wirklichkeit klaffen Theorie und Praxis dann doch auseinander. Das ist aber kein Problem. Du darfst ruhig widersprüchlich sein, daran wächst du.«

Venus-Check

Kann man mit dieser Venus gut allein sein? Man kann, aber es passiert ziemlich selten.
Braucht man mit dieser Venus Sicherheit? Nein, die gibt es ohnehin nicht.
Besteht diese Venus auf Treue? Gefordert werden Fairness und Loyalität, die sind wichtiger als Treue.
Macht diese Venus eifersüchtig? »Nein!«, sagt man, fühlt aber ein »Ja«.
Findet man leicht einen Partner? Dabei gibt es keinerlei Probleme.

Venus im Zeichen Fische – Mystische Liebe

Venusstärken Hingebungsvoll, tief, selbstlos, mystisch, sinnlich, verschmelzend

Venusschwächen Unklar, häufig wechselnde Beziehungen

Die Botschaft der Venus lautet: »Für dich existieren kaum Grenzen und keine Distanz. Genau genommen wächst deine Liebe sogar proportional zur Entfernung. In Liebessachen bist du ein Träumer und ziehst schmachtende Sehnsucht plattem ›Zweier-Einerlei‹ vor. Du fürchtest den Alltag, weil er dich aus deinen Träumen reißt. Da du die Liebe mystifizierst, gestattest du dir keine Grenzen. Wird dir alles zu viel, flüchtest du in deinen unsichtbaren Elfenbeinturm und spielst ›Mich versteht sowieso keiner‹. Lerne, dich klar abzugrenzen! Niemand liebt so selbstlos, so phantasievoll, zärtlich und innig. Du hast ein Recht auf schöpferische Pausen!«

Venus-Check

Kann man mit dieser Venus gut allein sein? O ja, im Grunde ist man immer allein.

Braucht man mit dieser Venus Sicherheit? Nein, an die glaubt man sowieso nicht.

Besteht diese Venus auf Treue? Nein, man kann auf gar nichts pochen!

Macht diese Venus eifersüchtig? Nicht wirklich, es schmerzt höchstens.

Findet man leicht einen Partner? Sicher, aber oft ist es der falsche.

Mars – Potent, sexy und dynamisch

Die Bedeutung des Mars

Rötlich funkelnd wie Feuer oder Blut, so präsentiert sich nur ein Gestirn am nächtlichen Himmel: der Planet Mars. Abhängig von seiner Nähe zur Erde verändert sich obendrein die Intensität. Menschen früherer Zeiten erschauerten daher, wenn sein Rot zunahm. Sie sprachen von einem zornigen Auge am Himmel und betrachteten es als böses Omen.

In klassischer Zeit galt Mars als Herr und Beschützer der Kriege. Hinter Mars stecken allerdings nicht nur bedrohliche Eigenschaften: So schickt er zum Beispiel zündende Ideen, verleiht Startkraft und schenkt Courage. Mars sorgt für den richtigen Biss, um sich behaupten und Rivalen aus dem Weg schlagen zu können. Er verleiht die für das Konkurrenzgerangel unerlässlichen »spitzen Ellbogen« und programmiert auf Sieg. Er verkörpert das Urmännliche, den heldenhaften, schönen Jüngling genauso wie einen sexbesessenen Macho. Mars steht auch einfach für Libido und Potenz. In ganz besonderer Weise verrät die Marsposition die Art und Weise des Eroberungsspiels: Ob man direkt auf jemanden zugeht, abwartet oder gar zum Rückzug bläst, es ist Mars, der die Fäden in der Hand hält.

Mars ist ein absolut männlicher Planet, vielleicht der männlichste überhaupt. Frauen besitzen zwar genau wie Männer ihren Mars, aber eher als Potenzial, als Anlagebild, und neigen dazu, ihn nicht selbst auszuleben, sondern ihn zu projizieren. Sie suchen sich Männer, die ihrem Mars entsprechen. Über diesen Umweg hat er dann doch Anteil an ihrem Leben. Frauen, die Berufe ergreifen, welche früher eher als typisch männlich galten (im Management beispielsweise), leben ihren Mars weitgehend selbst. Er ist der regierende Planet des Widders und weist daher viele Wesenszüge dieses Tierkreiszeichens auf.

♂ Das astrologische Symbol besteht aus einem Kreis und einem Pfeil. Ersterer symbolisiert den Geist, Letzterer die Bewegung. Das Symbol in seiner Gesamtheit steht für einen bewegten und bewegenden Geist.

Auf den folgenden Seiten finden sich die zentralen Eigenschaften der Marsposition in einem Horoskop. Bei einer individuellen Anwendung ist ein weiteres Mal zu berücksichtigen, dass die Konstellation durch Verbindungen mit verschiedenen Gestirnen immer eine andere Nuance bekommen und im Einzelfall auch einmal stark von den hier genannten Interpretationen abweichen kann.

Ihre exakte Marsposition können Sie wieder über die Homepage des Autors herunterladen (www.bauer-astro.de).

Die Fische und ihre Marszeichen

Mars im Zeichen Widder – Impulsiv
Marsstärken Energisch, kühn, mutig, stolz
Marsschwächen Streitsüchtig, egoistisch

Die Botschaft des Mars lautet: »Du verfügst über doppeltes Feuer, bist kämpferisch, mutig und furchtlos. Du machst fast vor nichts halt, bist ein Draufgänger, ein Held und Abenteurer, jemand, der nicht lange fackelt. Du willst nach deiner Fasson leben und sorgst dafür, dass dein Wille geschieht. Allerdings kann es sein, dass du mich (noch) nicht hast zu Wort kommen lassen, dass du dich und andere vor mir schützt, mich vielleicht unterdrückst oder verleugnest. Du hältst dich vielmehr für eine friedliche oder gehemmte Person.

Möglicherweise verspürst du gelegentlich ein inneres Rumoren, es packt dich ein Beben, das in einen völlig unerwarteten Wutausbruch mündet. Wahrscheinlich steigt dir diese eingesperrte Power in den Kopf und macht sich dort schmerzhaft bemerkbar. Sei, wie du bist. Gib nach, verschaff dieser Kraft rechtzeitig Raum – und dir Luft!

Was hilft, ist eine Tätigkeit, die dir möglichst viel Freiheit lässt. Erleichterung findest du auch über sämtliche aktiven Sportarten. Am wichtigsten aber ist, dass du mit der Zeit mehr und mehr zu mir und damit zu dir stehst, dir mehr zutraust, öfter mal über die Stränge schlägst und dich nicht dafür tadelst, wenn dein ›marsischer‹ Anteil über dich kommt.«

Mars-Check
Wie gut setzt man sich mit diesem Mars durch? Die Voraussetzungen sind exzellent.
Wie aggressiv macht dieser Mars? Sehr, sofern man sich nicht auslebt.
Wie viel Sexpower bekommt man mit ihm? Jede Menge, vorausgesetzt, man unterdrückt sich nicht selbst.

Mars im Zeichen Stier – Beharrlich

Marsstärken Ausdauernd, zäh, sinnlich
Marsschwächen Jähzornig, gierig, stur

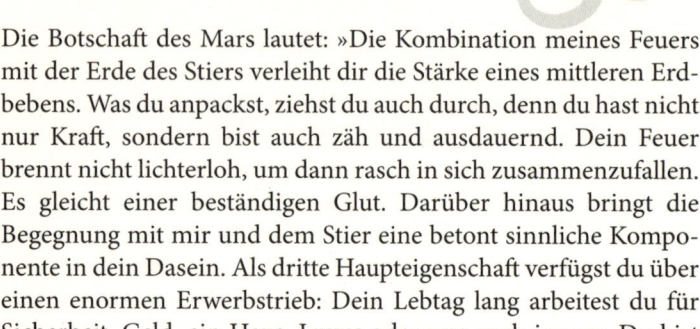

Die Botschaft des Mars lautet: »Die Kombination meines Feuers mit der Erde des Stiers verleiht dir die Stärke eines mittleren Erdbebens. Was du anpackst, ziehst du auch durch, denn du hast nicht nur Kraft, sondern bist auch zäh und ausdauernd. Dein Feuer brennt nicht lichterloh, um dann rasch in sich zusammenzufallen. Es gleicht einer beständigen Glut. Darüber hinaus bringt die Begegnung mit mir und dem Stier eine betont sinnliche Komponente in dein Dasein. Als dritte Haupteigenschaft verfügst du über einen enormen Erwerbstrieb: Dein Lebtag lang arbeitest du für Sicherheit, Geld, ein Haus, Luxus oder was auch immer. Du bist dazu geboren, das Fleckchen Erde, auf dem du lebst, in ein blühendes Paradies zu verwandeln.

Möglicherweise führe ich bei dir aber ein Schattendasein, und du kennst mich noch gar nicht richtig. Vielleicht schätzt du dein Leben überhaupt nicht als übermäßig sinnlich ein oder bezeichnest dich sogar als arm. Aber das heißt nur, dass du mich noch nicht gefunden hast. Doch ich bin da. Meine kolossale Kraft, meine Sinnlichkeit und der Zug zum Reichtum schlummern in dir.

Was dir hilft, mich zu aktivieren, sind körperliche Bewegung und Kontakt mit der Natur. Am wichtigsten aber ist, dass du an mich glaubst und in deinem Denken und Handeln Raum für mich schaffst.«

Mars-Check

Wie gut setzt man sich mit diesem Mars durch? Stark wird man bei Angriffen.

Wie aggressiv macht dieser Mars? Sehr, wenn man gereizt wird.

Wie viel Sexpower bekommt man mit ihm? Darüber muss kein Wort verloren werden. Oder höchstens eines: viel!

Mars im Zeichen Zwillinge – Verspielt
Marsstärken Gewandt, neugierig, vielseitig
Marsschwächen Unkonzentriert, zerstreut

Die Botschaft des Mars lautet: »Ich helfe dir dabei, ein unternehmerischer, vielseitig interessierter und talentierter Mensch zu sein. Mein Feuer in Verbindung mit der Luft des Zwillingezeichens macht dich mutig und unerschrocken. Die beiden Elemente ergeben eine sehr günstige Mischung: Feuer braucht Luft. Im übertragenen Sinne bedeutet Luft Kommunikation. Daraus folgt, dass du vitaler, lebendiger und feuriger wirst, sobald du unter Menschen bist. Hingegen dämpft Alleinsein dein Temperament. Oder die Gedanken beginnen zu rotieren, und du kannst deinen Kopf nicht mehr abschalten.

Deine ohnehin vorhandene Neugier wird durch mich noch beflügelt. Dein Interesse an allem lässt sich jedoch nur im Kontakt mit deiner Außenwelt ausreichend befriedigen. Allerdings kann es auch sein, dass du mich noch gar nicht richtig entdeckt hast und mich daher nicht ausleben kannst. Dein eigenes Leben kommt dir vielleicht überhaupt nicht übermäßig interessant und abwechslungsreich, sondern eher ziemlich öde vor. Dann ist es höchste Zeit, mich ans Licht zu holen. Du spürst womöglich schon, wie ich in deinem Innern rumore.

Was dir hilft, mich ›wecken‹, sind Atemübungen und viel körperliche Betätigung an der frischen Luft. Am wichtigsten aber ist, dass du an mich glaubst und in deinem Denken und Handeln Raum für mich schaffst.«

Mars-Check
Wie gut setzt man sich mit diesem Mars durch? Auf den Mund gefallen ist man mit ihm auf keinen Fall.
Wie aggressiv macht dieser Mars? Man schimpft höchstens einmal kräftig.
Wie viel Sexpower bekommt man mit ihm? Sex macht Spaß. Man hat viel Lust dazu, übertreibt's aber nicht.

Mars im Zeichen Krebs – Gefühlvoll

Marsstärken Emotional, eruptiv

Marsschwächen Schwierig, gebremst, »zickig«

Die Botschaft des Mars lautet: »Wir beide haben es nicht ganz leicht miteinander. Das Wasser des Krebszeichens kann mein Feuer zum Erlöschen bringen. Dann bist du ein Mensch, der Schwierigkeiten hat, seinen Willen durchzubringen, notfalls mal die Ellbogen einzusetzen, sich zu behaupten. Denn das sind die Eigenschaften, die ich verleihe. Zugleich aber bist du vermutlich innerlich gespannt, spürst Wut, Frustration und Ungenügen und kannst damit aber nicht richtig herausrücken. Du kannst allerdings auch diese feurigen Eigenschaften in dir transformieren. Du wirst jedoch nicht so direkt und forsch handeln, wie es diese Attribute ungebremst ermöglichen würden. Dafür besitzt du dann aber ein tiefes Gefühlsleben. Du bist so in positivster Weise ein Mensch, der tief in sich hineinschaut und seine Seele wie auch die anderer kennt.

Wenn du mich so lebst und erlebst, bist du ein rezeptiver, kreativer Mensch, einer, der durch sein Mitschwingen mit anderen und sein psychologisches Gespür am Ende genauso viel erreicht wie Menschen mit anderen Marspositionen. Allerdings kann es auch sein, dass ich bei dir noch ein Schattendasein führe. Du schätzt mich nicht und versuchst, mich durch effektiveres Verhalten zu ersetzen. Nur funktioniert das so eben nicht: Am Ende wirst du noch unsicherer sein. Steh zu mir, deinem Mars! Lebe mich mit all meinen Widersprüchen. Befass dich mit Psychologie. Das hilft dir, dich selbst besser zu verstehen.«

Mars-Check

Wie gut setzt man sich mit diesem Mars durch? Es fällt einem schwer, sich auf direktem Weg durchzusetzen.

Wie aggressiv macht dieser Mars? Es dauert eine Weile, bis man wütend wird, dann aber richtig.

Wie viel Sexpower bekommt man mit ihm? Man ist sehr erotisch, wenn man sich sicher fühlt.

Mars im Zeichen Löwe – Imposant
Marsstärken Selbstbewusst, herzlich, stolz
Marsschwächen Selbstsüchtig, eitel

Die Botschaft des Mars lautet: »Du verfügst über doppeltes Feuer. Ich, der feurige Planet, begegne dem Löwen, einem dem Element Feuer zugehörenden Zeichen. Feuer trifft also auf Feuer, vereinigt sich, wird zur lodernden Flamme. Da Feuer ein Symbol gleichermaßen für Tatkraft wie geistige Regsamkeit ist, musst du ein dynamischer, unternehmungsfreudiger Mensch sein, dessen Wirken durchdrungen ist von geistiger Weitsicht und Größe. Deinen hohen Ansprüchen, mit denen du um die Durchsetzung deiner Ziele kämpfst, stehen eine einnehmende Herzlichkeit und eine lockere, beinahe spielerische Haltung gegenüber. Man könnte meinen, deine Erfolge fielen dir einfach in den Schoß. Aber du bekommst nichts ›gratis‹. Du bist dem Leben und anderen Menschen gegenüber immer hilfsbereit und großzügig, und das gibt dir das Leben zurück. Solltest du dich in diesem Bild nicht wiederfinden und dich vom Leben eher benachteiligt als beschenkt fühlen, führe ich bei dir ein Schattendasein. Du hast mich noch gar nicht richtig entdeckt und kannst mich daher nicht ausleben.

Was dir hilft, mich in Gang zu bringen, sind Bewegung, Tanz, aktiver Sport. Vor allem aber musst du direkter, spontaner und selbstbewusster werden. Du musst dich mit mir in deinem Inneren verbinden – es ist alles da, was du dazu benötigst.«

Mars-Check
Wie gut setzt man sich mit diesem Mars durch? Das bereitet überhaupt keine Probleme.
Wie aggressiv macht dieser Mars? Man lässt sich nicht leicht aus der Ruhe bringen. Ist es aber einmal so weit, dann kracht's.
Wie viel Sexpower bekommt man mit ihm? Starken Partnern schenkt man alles. Schwächlinge schläfern ein.

Mars im Zeichen Jungfrau – Bedacht

Marsstärken Geistig fit, vernünftig, aktiv, arbeitsmotiviert, fleißig

Marsschwächen Zwanghaft, überängstlich

Die Botschaft des Mars lautet: »Feuer und Erde verbinden sich, wenn ich bei der Jungfrau, einem Erdzeichen, Station mache. Feuer und Erde zusammen wecken Aktivität, Arbeitswillen, Genauigkeit und Realitätssinn. Dein Feuer gleicht einer anhaltenden Glut. Das formt dich zu einem Menschen, der gern und gut arbeitet, ausdauernd und präzise ist, strategisch vorgeht und sich nicht unüberlegt in seine Arbeit stürzt. Diese Konstellation macht dich auch vorsichtig. Das kann unter Umständen in Kleinlichkeit und Angst ausarten. Ebenso mag eine übertrieben kritische Haltung sich selbst und anderen gegenüber die Folge sein. Du brauchst daher ein Ventil, etwas, das dir erlaubt, mich ohne zu viel Kontrolle und Analyse ausleben zu können, zum Beispiel beim Sport oder anderen körperlichen Aktivitäten. Auch riskante Freizeitbeschäftigungen (Paragliding, Klettern) sind für uns beide geeignet: Du passt nämlich gut auf dich auf, und meinen Ansprüchen geschieht Genüge. Das wiederum kommt, zusammen mit der Jungfrauenergie, deinem Schaffen zugute.

Du solltest auch einen Weg finden, deine Wut und deine Verletzungen besser zu zeigen. Du neigst nämlich dazu, deine Aggressionen zu unterdrücken und irgendwo zu ›bunkern‹ – bis dann das Maß voll ist und du wegen einer Kleinigkeit explodierst.«

Mars-Check

Wie gut setzt man sich mit diesem Mars durch? Das fällt leider nicht leicht.

Wie aggressiv macht dieser Mars? Es dauert eine ganze Weile, bis es zur Explosion kommt.

Wie viel Sexpower bekommt man mit ihm? Man ist weder Hengst noch Schnecke. Auf jeden Fall macht Erfolg sexy.

Mars im Zeichen Waage – Charmant

Marsstärken Lebhaft, gesellig, beliebt, ausgleichend, korrekt

Marsschwächen Ausschweifend, untreu, unmäßig

Die Botschaft des Mars lautet: »In dieser Position vereinigen sich mein Feuer und die Luft der Waage. Davon profitieren beide Elemente, und sie werden aufgewertet. Du bist daher ein leichter, ›luftiger‹ Mensch von sanguinischem Temperament und besitzt die Gabe, andere rasch für dich einzunehmen. Dein Auftreten ist charmant, einfühlsam, zuvorkommend. Ein weiteres Plus dieser Position sind ein guter Geschmack und künstlerisches Talent.

Mit mir im Zeichen Waage wirst du zu einem Streiter für Frieden und Ausgleich. Wo immer Ungerechtigkeiten und Zwietracht herrschen, fühlst du dich aufgerufen, zu schlichten und zu versöhnen. Zuweilen breche ich aber auch bei dir in all meiner Heftigkeit durch, nämlich dann, wenn du zu lange versucht hast, mich zu kontrollieren und zu unterdrücken.

Mit mir kommt auch dein Denken schwer in Gang. Du glaubst, alle Probleme mit dem Kopf lösen zu können. Wichtig ist, dass du dir für ›deinen Mars‹ ein Ventil suchst. Man kann mich nicht zu permanenter Friedfertigkeit verdonnern. Aber wenn du mich anderweitig lebst, beim Sport, bei abenteuerlicher Freizeitgestaltung, dann gelingt es dir besser, mich für deine pazifistischen Missionen einzuspannen.«

Mars-Check

Wie gut setzt man sich mit diesem Mars durch? Als guter Taktiker beißt man sich durch.

Wie aggressiv macht dieser Mars? Der Grundtenor ist friedlich. Gelegentliche Eruptionen sind nicht ausgeschlossen.

Wie viel Sexpower bekommt man mit ihm? Sex ist da. Gesucht aber wird geistiges Verstehen.

Mars im Zeichen Skorpion – Leidenschaftlich

Marsstärken Kraftvoll, ausdauernd, hartnäckig, furchtlos, mutig
Marsschwächen Lasterhaft, rachsüchtig

Die Botschaft des Mars lautet: »Dir steht durch mich eine besondere, eine starke, vitale Kraft zur Seite. Du bist ausgesprochen zäh, wenn es um die Verwirklichung eines Zieles geht, an dem dir auch emotional liegt. Selbst Mühen und Unannehmlichkeiten, mit denen sich andere Menschen nicht belasten würden, nimmst du dann gern in Kauf. Nicht verwunderlich, dass diese Hartnäckigkeit mitunter zu außerordentlichen Leistungen führt! Dennoch bist du kein Kraftprotz, einer, der die Muskeln spielen lässt und bei jeder Gelegenheit zeigen will, was er draufhat.

Der Skorpion ist vom Element her ein Wasserzeichen. Daher ist meine Kraft nicht auf äußere Wirkung aus. Meine Power geht nach innen. Diese Position führt dazu, dass du instinktmäßig weißt, wann dein Einsatz erforderlich ist, wann etwas Bedeutsames und Wichtiges ansteht und erledigt werden muss: Dann wirst du zum ›Helden‹. Daher ist dir zu raten, entsprechende Herausforderungen zu suchen und anzunehmen. Nur dann stehe ich voll auf deiner Seite. Ohne solche Kicks wirst du eher müde und lustlos reagieren. In der Verbindung zwischen Skorpion und mir besteht eine starke Neigung zur Zerstörung. Das ist immer dann gut, wenn etwas alt, verbraucht, überholt und ein neuer Anfang angezeigt ist. Aber hüte dich vor sinnloser Destruktion!

Mit dieser Konstellation verfügst du auch über eine kolossale Sexpower. Du bist leidenschaftlich, triebstark und letztendlich beseelt von der Idee, Nachwuchs in die Welt zu setzen.«

Mars-Check

Wie gut setzt man sich mit diesem Mars durch? Man operiert mit seiner Power indirekt und drückt so seinen Willen durch.
Wie aggressiv macht dieser Mars? Der Zerstörungskraft sind kaum Grenzen gesetzt.
Wie viel Sexpower bekommt man mit ihm? Mehr als alle anderen.

Mars im Zeichen Schütze – Temperamentvoll

Marsstärken Schlagfertig, gerecht, begeisterungsfähig, klar und offen

Marsschwächen Streitbar, aggressiv, beleidigend

Die Botschaft des Mars lautet: »Hier trifft Feuer auf Feuer, denn sowohl ich als auch der Schütze sind ihrer Natur nach feurig. Eine lodernde Flamme entsteht. Und im Zeichen Schütze manifestiere ich mich mit besonderer Intensität. Da Feuer ein Symbol gleichermaßen für Tatkraft wie geistige Regsamkeit ist, wirst du ein dynamischer, unternehmungsfreudiger Mensch, dessen Wirken durchdrungen ist von geistiger Weitsicht und Größe. Dein Handeln und Wirken wird stark von Idealen geleitet: von Gerechtigkeit, Ritterlichkeit und Fairness. Du bist leicht zu begeistern und, einmal in Schwung, kaum zu bremsen. Was du brauchst, ist ein Ziel, eine Hoffnung, eine Perspektive, sonst erlischt dein Feuer.

Allerdings kann es auch sein, dass dein Mars noch ein Schattendasein führt, dass du mich noch gar nicht richtig entdeckt hast. Vielleicht meinst du, keineswegs feurig oder übermäßig aktiv zu sein, sondern erlebst dich eher als passiven Zeitgenossen. Dies hieße dann, dass du einen Teil deines Selbst negierst – und dich auf die Suche nach mir, deinem Mars, begeben solltest.

Was dir hilft, mich zu initiieren, sind Bewegung, Tanz, aktiver Sport und Reisen. Vor allem aber solltest du direkter, spontaner und selbstbewusster werden. Du musst dich mit mir in deinem Inneren verbinden. Es ist alles vorhanden, was du brauchst.«

Mars-Check

Wie gut setzt man sich mit diesem Mars durch? Das klappt gut, solange Fairness herrscht.

Wie aggressiv macht dieser Mars? Zu streiten lohnt sich nur für eine gute Sache.

Wie viel Sexpower bekommt man mit ihm? Mit Sex ist man dem Himmel nah.

Mars im Zeichen Steinbock – Hartnäckig

Marsstärken Verantwortungsvoll, geduldig, zäh, mutig, tatkräftig

Marsschwächen Eigenwillig, missmutig

Die Botschaft des Mars lautet: »Das ist eine Verbindung von Feuer und Erde, da der Steinbock zu den Erdzeichen zählt. Feuer und Erde zusammen wecken Arbeitswillen, Genauigkeit und Realitätssinn. Dein Feuer brennt nicht lichterloh (um sich dann rasch zu verzehren), sondern langanhaltend wie eine wohlgeschürte Glut. Das macht dich zu einem Menschen, der gern und gut arbeitet, ausdauernd und präzise ist, strategisch vorgeht und sich nicht unüberlegt in seine Arbeit stürzt. Du bist auch extrem widerstandsfähig. Man kann dich mit einem Diamantbohrer vergleichen, der sich in eine Sache unaufhaltsam hineinfrisst. Und du bist erfolgreich. Du verfügst über die entsprechende Motivation und ein Gespür für Machtverhältnisse.

Diese Konstellation bedeutet aber auch, dass ein Wandel vonstattengehen muss. Aus einer impulsiven, feurigen, leicht erregbaren, leidenschaftlichen Energie wird eine kontrollier- und regelbare Kraft, die sich einer höheren Absicht fügt und dem Allgemeinwohl dient. Du darfst allerdings die ursprüngliche Qualität von mir, deinem Mars, nicht vollständig verlieren. Das würde zu Aggressionsstau und unter Umständen sogar zu gesundheitlichen Problemen führen. Es ist also wichtig, dass du dir für die transformierten Eigenschaften ein Ventil suchst. Wenn du sie anderweitig lebst, beim Sport oder bei abenteuerlicher Freizeitgestaltung, dann gelingt es dir besser, mich für deine höheren Zwecke einzuspannen.«

Mars-Check

Wie gut setzt man sich mit diesem Mars durch? Harte Arbeit führt zum Ziel.

Wie aggressiv macht dieser Mars? Eigentlich ist man friedlich, lässt sich aber ungern provozieren.

Wie viel Sexpower bekommt man mit ihm? Wenn die Verhältnisse stimmen, kommt es zu Gipfelerlebnissen!

Mars im Zeichen Wassermann – Einfallsreich

Marsstärken Aufgeweckt, innovativ, selbständig, schöpferisch
Marsschwächen Prahlerisch, eingebildet

Die Botschaft des Mars lautet: »Es vereinigen sich Feuer (Mars) und Luft (Wassermann). Diese Kombination kommt beiden Elementen zugute und wertet sie auf. Du bist daher ein leichter, ›luftiger‹ Mensch, der über die Gabe verfügt, andere für sich einzunehmen. Dein Auftreten ist charmant, einfühlsam und zuvorkommend. Alltag, graues Einerlei, tägliche Routine sind dir ein Greuel. Du möchtest Neues erschaffen, eingefahrene Gleise verlassen, originell und schöpferisch sein. Freiheit ist für dich überaus wichtig. Du arbeitest besser, wenn dich nicht ständig jemand gängelt. Du bist der geborene ›Freelancer‹. Dein ausgeprägtes Improvisationstalent ermöglicht dir, originelle und unkonventionelle Lösungen zu finden, wenn du nicht durch Vorgaben eingeschränkt wirst. Auch in Beziehungen wird es schnell zu eng. Eine Ehe bereitet dir ebenfalls Probleme; du fühlst dich unfrei, wie ›eingesperrt‹.

Vielleicht aber entspricht diese Charakterisierung nicht deinem Selbstbild: Weder schätzt du dich als unabhängig oder freiheitsliebend noch als übermäßig schöpferisch ein. Dann ist zu vermuten, dass dein Mars noch auf seine Entdeckung wartet. Mach dich auf die Suche!

Was dir hilft, mich zu aktivieren, ist Bewegung, vor allem Tanz. Noch wichtiger aber wird es sein, unkonventioneller und spontaner zu werden. Du musst dich mit mir in deinem Inneren verbinden. Es ist alles da, was du dazu benötigst.«

Mars-Check

Wie gut setzt man sich mit diesem Mars durch? Genialität ist vorhanden, aber nicht unbedingt Durchsetzungskraft.

Wie aggressiv macht dieser Mars? Ein solches Verhalten ist undenkbar.

Wie viel Sexpower bekommt man mit ihm? Sex ist schön, aber längst nicht alles.

Mars im Zeichen Fische – Abwartend

Marsstärken Empfänglich, intuitiv, einfühlsam, kreativ
Marsschwächen Willensschwach, beeinflussbar,
leicht zu täuschen

Die Botschaft des Mars lautet: »Mein Feuer und das Wasser der
Fische treffen aufeinander. Das kann dazu führen, dass das Feuer
zunächst einmal erlischt. Dann bist du ein Mensch, der Schwierigkeiten hat, seinen Willen durchzusetzen, die ›Ellbogen‹ zu benut-
zen, sich zu behaupten – denn all dies sind Eigenschaften, die ich,
der Planet Mars, verleihe. Gleichzeitig fühlst du dich jedoch innerlich gespannt, spürst Wut, Frustration und Ungenügen, aber du
kannst damit nicht richtig herausrücken.

Es gibt allerdings auch die Möglichkeit, diese Qualitäten durch die
Fischequalitäten zu transformieren. Du wirst dann zwar noch
lange nicht so direkt und forsch handeln können, wie es die unge-
bremsten Eigenschaften ermöglichen würden. Dafür gewinnst du
eine andere Fähigkeit, nämlich ein kolossales Gespür. Das Fischezeichen ist seinem Wesen nach transparent, es besitzt keine klaren
Grenzen, versetzt daher in die Lage, sich universell zu vernetzen.
Du hast also eine Art sechsten Sinn, spürst andere Menschen, die
sich nicht einmal in der Nähe aufhalten.

Mars-Check

Wie gut setzt man sich mit diesem Mars durch? Das macht Probleme. Es gelingt nur dann wirklich, wenn man von der Sache
hundertprozentig überzeugt ist.

Wie aggressiv macht dieser Mars? Es dauert ewig, bis man aus der
Haut fährt.

Wie viel Sexpower bekommt man mit ihm? Sex ist wunderbar, aber
er ist nicht alles.

Jupiter – Innerlich und äußerlich reich

Die Bedeutung Jupiters

Nachts, wenn Venus nicht mehr (oder noch nicht) am Himmel leuchtet, ist Jupiter eines der hellsten Gestirne überhaupt. Kein Wunder daher, dass er unseren Vorfahren, die der Nacht in viel umfassenderem Maße ausgeliefert waren als wir heute in unserer künstlich erhellten Zeit, ein Symbol für Hoffnung, Trost, Stimmigkeit und Gerechtigkeit war. Oft verband man ihn mit der obersten Gottheit.

So auch in der griechischen Mythologie, auf die sich die Symbolik der Astrologie entscheidend bezieht. Jupiter heißt bei den Griechen »Zeus«, und über ihn gibt es unzählige Mythen. So war er es, der gegen seinen grausamen Vater Saturn(us) bzw. Kronos, den Obersten der Titanen, antrat und ihn besiegte. Saturn hatte nämlich außer Zeus alle seine Nachkommen aufgefressen, weil ihm geweissagt worden war, dass ihn eines seiner Kinder vom Thron stoßen würde. Rheia, Zeus' Mutter, versteckte ihren Sohn vor dem Vater, und die Prophezeiung erfüllte sich: Zeus entthronte ihn und warf ihn in den Tartaros.

Andere Geschichten über Jupiter/Zeus erzählen eher Delikates. So gelüstete es den obersten Gott immer wieder nach weltlichen Frauen, die er durch List dazu brachte, mit ihm zu schlafen und Kinder von ihm zu empfangen. Bei Leda zum Beispiel verwandelte er sich in einen Schwan und zeugte mit ihr Pollux. Auch Herakles und Dionysos entstammten seinem gemeinsamen Lager mit sterblichen Frauen. Gezeugt durch den unsterblichen Jupiter, erlangten seine Kinder ebenfalls das ewige Leben.

Die Position Jupiters im Horoskop verweist daher einerseits auf tiefe Einsichten: Jupiter sorgt dafür, dass einem »ein Licht aufgeht«, man letzten Endes weise wird. Auf der anderen Seite verkörpert er eine Gestalt, der eine unendlich große Liebe zukommt. Sinnbildlich gesprochen, sehnt sich der Mensch danach, sich mit dem göttlichen Jupiter zu vereinigen, um Kinder (symbolisch für Ideen und Taten) zu gebären, die unsterblich sind.

Des Weiteren symbolisiert Jupiter den große Helfer, Heiler und Versöhner. Dort, wo er im Horoskop steht, findet der Mensch Kräfte, sich und andere zu trösten und zu stärken. Am bekanntesten ist Jupiter in der Astrologie aber deswegen, weil er das Glück verheißt.

♃ Das astrologische Symbol Jupiters besteht aus einem Halbkreis (er repräsentiert seelische Empfänglichkeit) und einem Kreuz, das wieder die Materie symbolisiert. Der Halbkreis neben dem Kreuz bedeutet: Das Seelische und die Materie gelten als gleichwertig, keines überragt das andere.

Wie zuvor bei Aszendent, Mond, Venus und Mars lässt sich die genaue Jupiterposition eines Horoskops mit Hilfe der Website des Autors ermitteln (www.bauer-astro.de).

Die Fische und ihre Jupiterzeichen

Jupiter im Zeichen Widder – Das Glück der Inspiration
Jupiterstärken Selbstvertrauen, Optimismus
Jupiterschwächen Prahlerei

Die Botschaft Jupiters lautet: »Glück ist für dich die Möglichkeit, deinen Willen und deine Impulse spontan und unmittelbar umsetzen zu können. Du bist ein Abenteurer, in Wirklichkeit wie im Geiste. Du möchtest wie Kolumbus die Welt entdecken. Und wie Einstein, Hildegard von Bingen oder Galileo Galilei den Gipfel menschlicher Erkenntnis erreichen. Wenn du dich bewegst, geistig wie körperlich, bist du deinem Schöpfer am nächsten. Stillstand hingegen führt zur Resignation; du fühlst dich fern vom großen Ganzen.

Durch deine optimistische und positive Weltauffassung bist du dafür bestimmt, anderen voranzugehen oder ihnen den Weg zu weisen. Es schlummert auch ein Heiler und Prophet in dir, der im Laufe deines Lebens geweckt werden will. Bevor du allerdings selbst ein Heiler sein kannst, brauchst du Persönlichkeiten, die dir auf deinem Weg ein Vorbild sind. Mit der Gabe, andere zu führen, musst du behutsam umgehen. Hüte dich davor, sie zu blenden oder sich über ihr Unwissen zu erheben. Du darfst die Demut nie verlieren, und du darfst nicht vergessen, dass du selbst auch ein Suchender bist.«

Jupiter-Check
Wie wird man mit Jupiters Hilfe innerlich und äußerlich reich?
Durch Handeln, Reisen, Unternehmungen, Initiativen.
Wie lässt sich mit diesem Jupiter helfen und heilen? Durch Körpertherapie, Yoga, Sport, Wärme, Motivation anderer, tatkräftiges Unterstützen, Zusprechen von Mut.

Jupiter im Zeichen Stier – Das Glück der Erde
Jupiterstärken Geduld, Großzügigkeit
Jupiterschwächen Bequemlichkeit

Die Botschaft Jupiters lautet: »Dein Glück liegt im ungestörten Genuss. Überfluss und Sicherheit bedeuten für dich die Erfüllung deiner Wünsche. Du bist geduldig. Wie ein Gärtner sorgfältig Samen und Pflanzen hegt, damit sie zur vollen Größe heranwachsen können, so überwachst du dein Hab und Gut, deine Anlagen und Talente und entwickelst sie zur vollen Reife. Der Vergleich mit dem Gärtner ist auch in anderer Hinsicht passend. Denn du liebst die Natur. Eine Waldlichtung im Frühling erscheint dir wie ein Dom, und du bist deinem Schöpfer vielleicht näher als in einer Kirche. Die Natur zeigt die Ordnung, Stimmigkeit und Erfüllung. Und die Natur heilt. Sie heilt dich, wenn du erschöpft oder krank bist. Du brauchst dich nur unter einen Baum zu legen, und du fühlst dich sofort besser. In der Natur findest du aber auch die Stoffe, um andere zu heilen. Nahrung, Heilkräuter, homöopathische Essenzen: Alles erhält durch Jupiter eine höhere Potenz, heilt und macht ganz.

Wovor du dich hüten musst, ist, Besitz zu horten. Ein Baum sammelt nicht die Erde, die ihn hält, er benutzt sie, um in den Himmel zu wachsen.«

Jupiter-Check
Wie wird man mit Jupiters Hilfe innerlich und äußerlich reich?
Durch Geduld und Nähe zur Erde. Durch materiellen Wohlstand. Durch Liebe und Sinnlichkeit.
Wie lässt sich mit diesem Jupiter helfen und heilen? Mit den Heilkräften der Natur.

Jupiter im Zeichen Zwillinge – Das einfache Glück
Jupiterstärken Begeisterungsfähigkeit
Jupiterschwächen Ruhelosigkeit

Die Botschaft Jupiters lautet: »Dein Glück findest du im Alltäglichen, auf einem Wochenmarkt, im Zug, bei einer Unterhaltung mit Freunden und Bekannten. Aber auch zu Menschen, die du noch nicht kennst, findest du rasch einen Bezug und große Nähe. Dieses ›kleine Glück‹ bedeutet dir mehr, als nach großer und absoluter Erfüllung zu suchen. Du verfügst über eine enorme sprachliche Begabung, kannst gut schreiben, formulieren und sprechen.

Um dich wohl zu fühlen, brauchst du die Geselligkeit, verbalen Austausch und lebendige Kommunikation. Unter Menschen findest du zu dir und fühlst dich aufgehoben. Allein hingegen verlierst du deine innere Sicherheit und den tiefen Glauben, dass alles sinnhaft ist und von einem höheren Willen getragen wird. Daher ist es auch deine Aufgabe, andere miteinander zu verbinden, damit sie sich nicht als isoliert erleben. Der Mensch ist ein soziales Wesen. Er wächst in einer Familie auf, schafft sich später seine eigene Familie, seine Arbeitswelt, seine Freunde. Du bist auf der Welt, um andere aus ihrer Einsamkeit zu befreien, in die sie irrtümlicherweise geraten sind.«

Jupiter-Check

Wie wird man mit Jupiters Hilfe innerlich und äußerlich reich? Im Kleinen, in den Dingen, die sich im Umfeld befinden. Und in der Begegnung mit anderen.

Wie lässt sich mit diesem Jupiter helfen und heilen? Durch gute Worte, aufmunternden Zuspruch, durch Zuhören und Teilnahme. Durch Verbinden und Vernetzen.

Jupiter im Zeichen Krebs – Das Glück der Geborgenheit

Jupiterstärken Suggestivwirkung, Phantasie
Jupiterschwächen Gefühlspathos, Missbrauch

Die Botschaft Jupiters lautet: »Wenn du fühlst, bist du. Man kann dich einen ›Seelentaucher‹ nennen, denn deine liebste Beschäftigung ist es, dich in deine eigene oder die Seele anderer zu vertiefen. Eine gesunde und heile Psyche ist für dich unerlässlich, um zufrieden zu sein. Auch Menschen aus deinem Umfeld wenden sich an dich, weil sie intuitiv spüren, dass du ihnen helfen kannst, ihr Innenleben zu heilen.

In der Familie siehst du den Anfang allen Glücks, aber auch allen Elends. Sosehr du sie schätzt, so fern liegt es dir, nur dein eigenes Nest zu bewundern. Im Gegenteil, fremde Sitten und Gewohnheiten sind dir ebenso wichtig wie die eigenen. Am liebsten würdest du in einer Gemeinschaft leben, die von Menschen unterschiedlichster Herkunft getragen wird.

›Geborgenheit‹ ist für dich kein leeres Wort, sondern ein anderer Ausdruck für ›Erfüllung‹, ›Heimat‹, ›Göttlichkeit‹ und ›Ewigkeit‹. Wie ein Seismograph erspürst du daher Unstimmigkeiten in deinem Umfeld, die disharmonisch sind und den Frieden stören können. Deine großen heilerischen Fähigkeiten ermöglichen es, solche Störungen sichtbar zu machen. Hüten musst du dich aber davor, als Retter aufzutreten. Du bist wahrhaftig, wenn du alles einfach nur geschehen lässt.«

Jupiter-Check

Wie wird man mit Jupiters Hilfe innerlich und äußerlich reich? Im Fühlen, in der Liebe, im Geben, in der Familie, in der Vergangenheit, bei den Ahnen.

Wie lässt sich mit diesem Jupiter helfen und heilen? Durch aufdeckende Gespräche.

Jupiter im Zeichen Löwe – Das Glück der Herzensfreude

Jupiterstärken Herzenswärme, Großmut
Jupiterschwächen Eitelkeit, Dünkel

Die Botschaft Jupiters lautet: »Glück bedeutet für dich, dass du die Möglichkeit hast, spontan und großzügig schenken zu können. Äußere Werte sind dir deshalb nicht unwichtig, denn nur wer hat, kann auch geben. Aber du bist absolut kein Materialist, im Gegenteil: Wenn du nach Macht und Einfluss strebst, dann nicht in erster Linie um persönlicher Vorteile willen, sondern weil du überzeugt bist, anderen etwas geben zu können. Du verbreitest Optimismus. Deine Bestimmung ist es, anderen die Freude am Leben zu zeigen. So wie ich, dein Jupiter, einst die Schreckensherrschaft Saturns beendet habe und den Menschen eine gütigere, gerechtere Zeit brachte, so bist du auf der Welt, um Menschen zu erheitern, Sorgen und Kummer zu vertreiben.

Hüten musst du dich vor Stolz und Überheblichkeit. Bleib gütig! Trag das Feuer der Freude unter die Menschen, aber achte darauf, dass du niemanden damit verbrennst!«

Jupiter-Check

Wie wird man mit Jupiters Hilfe innerlich und äußerlich reich?
Durch lebendige Teilnahme am Leben, Großzügigkeit und die Kraft des Herzens.

Wie lässt sich mit diesem Jupiter helfen und heilen? Indem man anderen das Leben als nährenden Urgrund zeigt, als göttlichen Spielplatz.

Jupiter im Zeichen Jungfrau – Das Glück der Unschuld

Jupiterstärken Engagement, Bescheidenheit
Jupiterschwächen Zersplitterung

Die Botschaft Jupiters lautet: »Glück ist für dich die einfachste Sache der Welt, es liegt vor der Tür, es braucht nur gefunden und aufgehoben zu werden. Einzige Voraussetzung: Man muss unschuldig sein wie ein Kind. Du bist daher auch kein Freund großangelegter und sich ewig hinziehender Expeditionen auf der Suche nach dem Glück. Entweder es ist hier – oder nirgends.

Insbesondere die Natur ist dir ein genialer Lehrmeister. Die Folge der Jahreszeiten, das Ineinandergreifen von Phasen des Wachstums und der Stagnation: Das alles ist für dich ein Ausdruck göttlicher Ordnung, die sich tagtäglich und jahraus, jahrein wiederholt. Auf besondere Weise faszinieren dich aber auch die Vorgänge im Zusammenhang mit dem menschlichen Körper. Dieses tagtägliche Wunder von Nahrungsaufnahme und Verwandlung in Leben, das Zusammenwirken Tausender Prozesse – all dies sind für dich sinnhafte Beweise göttlichen Wirkens.

Deine Kenntnisse befähigen dich zum Heiler. Schon durch deine Nähe initiierst du bei anderen die Genesung. Wovor du dich hüten musst, ist, dein Wissen zu missbrauchen. Wirke durch gutes Beispiel und nicht durch Besserwisserei!«

Jupiter-Check

Wie wird man mit Jupiters Hilfe innerlich und äußerlich reich? Im alltäglichen Tun, bei der Arbeit, im Gefühl der Ordnung.
Wie lässt sich mit diesem Jupiter helfen und heilen? Durch bewusste Ernährung, das Studium von Körper und Geist und das Lernen von der Natur.

Jupiter im Zeichen Waage – Das Glück der Liebe

Jupiterstärken Toleranz, Lebenskunst
Jupiterschwächen Eitelkeit, Genusssucht

Die Botschaft Jupiters lautet: »Glück findest du in der Kraft der Liebe. Du brauchst nicht einmal selbst unmittelbar daran teilzuhaben. Auch wenn andere Menschen sie entdecken, fühlst du dich angenommen, zu Hause, eins mit der Schöpfung. Noch göttlicher ist es natürlich, wenn Amor dich selbst trifft. Auf einer Wolke schwebst du, im Paradies bist du angekommen … Liebe ist deiner Meinung nach Ursprung und Ziel allen Seins. Gott ist die Liebe, und das Leben entspringt aus ihr. Der Liebe gibst du alles. Umgekehrt beschenkt sie dich auch. Du kannst andere tief berühren, trösten, erfreuen und aufbauen.

Auch der Kunst gehört dein Herz. Allerdings zählt für dich nur das dazu, was von Liebe getragen ist und Harmonie und Stimmigkeit ausdrückt. Im Grunde schlummert in dir selbst ein Künstler, der darauf wartet, seine Fähigkeiten zum Fließen bringen zu können. Wovor du dich hüten musst, ist, dich von Liebe und Harmonie einlullen zu lassen. Alles im Leben hat zwei Seiten. Zur Liebe gehört Auseinandersetzung und zur Harmonie Spannung. Nur wenn du das Gleichgewicht zwischen beiden Seiten findest, ist die Liebe vollendet.«

Jupiter-Check

Wie wird man mit Jupiters Hilfe innerlich und äußerlich reich? Indem man verzeiht, liebt, empfangen und geben kann.
Wie lässt sich mit diesem Jupiter helfen und heilen? Allein die Nähe heilt, und Berührungen sind eine Wohltat.

Jupiter im Zeichen Skorpion – Das Glück der Tiefe

Jupiterstärken Tiefgründigkeit, Spiritismus
Jupiterschwächen Exaltiertheit, Despotismus

Die Botschaft Jupiters lautet: »Glück findet sich deiner Meinung nach auf dem Grund aller Dinge, nicht an der Oberfläche. Dieses Wissen habe ich dir verliehen. Du sollst es weiterverbreiten. Was die Welt zusammenhält, ist der ewige Kreislauf von Zeugung, Geburt, Leben und Tod. Alles war schon immer, und alles wird immer sein. Daher musst du dich in besonderer Weise solcher Angelegenheiten annehmen, die ausgegrenzt werden aus dem Ganzen, aber dazugehören. Zum Beispiel ist für dich der Schatten ein notwendiger Teil des Lichts. Du fühlst dich daher veranlasst, dich für Schwächere einzusetzen oder aus der Gesellschaft Ausgeschlossene zu unterstützen. Du weißt instinktiv, dass es dem Leben schadet, wenn nicht alle Seiten integriert werden.

Mein heilendes Jupiterfeuer lodert in dir sehr stark. Wie Pollux einst seinem toten Bruder Castor in die Unterwelt folgte, um ihn zu retten, bist du bereit, die größten Unannehmlichkeiten auf dich zu nehmen, damit das Leben keinen Teil verliert. Du bist daher der geborene Retter und Heiler, gleich, ob du diese Gaben in einem Beruf ausübst oder sie als selbstverständlichen Beitrag in deinen Alltag einbringst. Wovor du dich hüten musst, ist, dem Dunklen und Schatten zu sehr zu verfallen – und das Helle nicht mehr klar zu sehen.«

Jupiter-Check

Wie wird man mit Jupiters Hilfe innerlich und äußerlich reich?
Indem man das Offensichtliche hinterfragt, in die Tiefe geht, abwartet und einfach *ist*.

Wie lässt sich mit diesem Jupiter helfen und heilen? Indem man sich derer annimmt, die ein Schattendasein führen.

Jupiter im Zeichen Schütze – Das Glück der Weisheit

Jupiterstärken Idealismus, Glaube, religiöse Erfahrung,
Sinnsuche
Jupiterschwächen Schwärmerei, Naivität, Dogmatismus

Die Botschaft Jupiters lautet: »Du bist auf der Welt, um das Glück zu suchen. In dir lebt die Geschichte aller fahrenden Völker fort, der Nomaden und Boten, herumziehenden Bader, Gaukler, Barden und Geschichtenerzähler. Letztlich ist es die Suche nach dem Heiligen Gral, nach Erleuchtung, der blauen Blume, der Quintessenz der Alchemie. Glaube ist für dich Realität, Gott ist nicht irgendwo unerreichbar, sondern überall. Auf dem Weg zu sein ist für dich das Ziel.

So verbreitest du die Wahrheit des vielen und nicht die des einen. Deswegen bist du so tröstlich für diese Welt: Denn du hast immer noch eine Perspektive, siehst immer noch eine Möglichkeit. Nichts ist für dich aussichtslos: Viele Wege führen nach Rom, und kein Problem ist so groß, dass es nicht doch eine Lösung gäbe.

Das Feuer, das ich, dein Jupiter, dir in die Hände gebe, heißt Weisheit. Wovor du dich allerdings hüten musst, ist, das Kind mit dem Bade auszuschütten. In deinem heilsamen Krieg gegen die Blindheit der Menschen läufst du Gefahr, selbst blind und einseitig zu werden.«

Jupiter-Check

Wie wird man mit Jupiters Hilfe innerlich und äußerlich reich?
Durch die Suche nach Sinn und Göttlichkeit.
Wie lässt sich mit diesem Jupiter helfen und heilen? Durch eine Lebensweise, die Hoffnung verbreitet.

Jupiter im Zeichen Steinbock – Das Glück des Erfolgs

Jupiterstärken Führungsqualität, Ausdauer
Jupiterschwächen Lehrmeisterei

Die Botschaft Jupiters lautet: »Glück ist für dich, deine Arbeit getan zu haben und Ruhe und Sammlung dankbar zu genießen. Glück ist für dich aber auch, sich einer Sache vollständig zu verschreiben, ihr zu gehören, bis sie vollbracht ist. Darin gleichst du einem Bergsteiger, der nicht eher ruht, als bis er auf dem Gipfel steht und dort nach dem nächsten Ausschau hält. Du bist ein Mensch, der sich selbst antreiben und motivieren kann.

Ich, dein Jupiter, befähige dich auch, zu einem Führer zu werden, einer, der anderen vorausgeht. Um das zu leisten, was dein Karma ist, brauchst du Kraft, Ausdauer und Zähigkeit. Du bist hart zu dir selbst, weil du weißt, dass deine Ziele keine Schonung dulden. Das Gleiche erwartest du allerdings auch von anderen, was manchmal dazu führt, dass diese dich fürchten und dir aus dem Weg gehen. Daher ist es für dich wichtig, zu erkennen, dass nicht alle Menschen aus dem gleichen (harten) Holz geschnitzt sind wie du. Entwickle Geduld, Nachsicht und Toleranz für deine Mitmenschen, und du wirst eines Tages den höchsten Berg bezwingen, nämlich den der Weisheit.«

Jupiter-Check

Wie wird man mit Jupiters Hilfe innerlich und äußerlich reich? Durch Arbeit und Übernahme von Verantwortung, durch Demut.

Wie lässt sich mit diesem Jupiter helfen und heilen? Durch vorbildliches Verhalten, durch richtige Führung.

Jupiter im Zeichen Wassermann – Das Glück des Wandels
Jupiterstärken Humanismus, Toleranz
Jupiterschwächen Autoritätskonflikte

Die Botschaft Jupiters lautet: »Glück ist für dich das Gefühl, vorwärtszuschreiten, nicht stehen zu bleiben und deinen Idealen von einer gerechten, liebevollen Welt näherzukommen. Du unterstellst dich selbst dem Fortschritt, arbeitest, und wenn es nötig ist, kämpfst du für ihn. Es geht dir nicht um deine eigene Zukunft. Du bist ein Philanthrop, ein Menschenfreund, der an das Gute glaubt. Dabei unterstützt du Eigenverantwortung und Autonomie. Hilfe zur Selbsthilfe: So lautet dein Programm. Es fällt dir schwer, dich in eine Hierarchie einzuordnen. Ungleichheit zwischen den Menschen ist für dich ein Greuel. Die Kraft deines Glaubens an eine positive Zukunft macht dich für diesen Planeten so wichtig. Denn deinen Visionen ist es zu verdanken, dass die Welt nicht stehenbleibt, sondern sich immer weiterentwickelt.

Wovor du dich in Acht nehmen musst, ist, das Alte nicht völlig zu verwerfen. Du beraubst dich sonst deiner eigenen Wurzeln. Dann aber wird auch der Fortschritt illusorisch.«

Jupiter-Check
Wie wird man mit Jupiters Hilfe innerlich und äußerlich reich? Durch Arbeit für eine bessere Zukunft.
Wie lässt sich mit diesem Jupiter helfen und heilen? Durch Vermittlung neuer Perspektiven, durch solidarische Unterstützung und Veränderung.

Jupiter im Zeichen Fische – Das Glück des Seins
Jupiterstärken Liebe, Mitgefühl, Intuition
Jupiterschwächen Helfersyndrom

Die Botschaft Jupiters lautet: »Glück bedeutet für dich, eins zu sein mit der Schöpfung – ähnlich einem Tropfen, der ins Meer fällt und eins wird mit dem Ganzen. Dein Leben richtet sich nach dem Ideal der Selbstlosigkeit und dem Zurückstellen eigener Bedürfnisse hinter das Wohlergehen des größeren Ganzen. Soziales Engagement ist für dich kein politisches Schlagwort, sondern selbstverständliche Lebensqualität. Du bist sensibel, empörst dich über Ungerechtigkeit und Lieblosigkeit. Ich, dein Jupiter, verleihe dir eine besondere Magie, die Leid und Traurigkeit auflösen kann. Du tust aber gut daran, diese Fähigkeit weiterzuentwickeln, indem du zum Beispiel Heilpraktiker wirst oder dich mit Themen beschäftigst, die deine Anlagen fördern.

Da du dich oft an großen Idealen orientierst, macht dir der Umgang mit der unmittelbaren, konkreten Wirklichkeit mitunter Mühe. Des Weiteren ist es wichtig, dass du dich als Helfer nicht ausnutzen lässt. Du musst lernen, dich abzugrenzen.«

Jupiter-Check
Wie wird man mit Jupiters Hilfe innerlich und äußerlich reich?
Durch Hingabe an das, was ist, durch Liebe des Ganzen.
Wie lässt sich mit diesem Jupiter helfen und heilen? Es sind große heilerische Fähigkeiten vorhanden, die aber gefördert werden sollen.

Saturn – Zum Diamanten werden

Die Bedeutung Saturns

Früher galt Saturn in der Astrologie weithin als Übeltäter, als Verkörperung des Schlechten und Bösen. Er scheint es darauf abgesehen zu haben, uns das Leben so schwer wie irgend möglich zu machen. Wie der Drache im Märchen verkörpert er Gefahr, Schrecken, ja, zuweilen sogar den Tod. Daher finden sich alte Darstellungen, auf denen Saturn häufig als Knochengerüst mit Sense zu sehen ist, das alles erbarmungslos niedermäht. Saturn kennt kein Mitleid, keine Gnade. Er wirft den Menschen ihr Schicksal vor die Füße – und es bleibt nichts anderes, als es zu nehmen und zu tragen.

Heutzutage wird seine Wirkung positiver gesehen: Wenn Saturn einen noch so sehr plagt, schikaniert, an den Abgrund heranführt, dann hilft er ebenso, sich gegen die Unbilden des Schicksals zu wappnen. Er »schmiedet« den Menschen, macht ihn hart, widerstandsfähig und ausdauernd. Wer immer etwas Großes erreicht in seinem Leben, der schafft es mit Hilfe Saturns und seiner (oft) grausamen Wechselbäder. Da, wo im Horoskop der Planet Saturn steht, muss der Mensch also lernen, in die Schule gehen, dort wird er gestreckt und zusammengeschoben, kritisiert und tyrannisiert, trainiert und behindert – bis er nahezu Perfektion erlangt: Vollkommenheit und Reinheit. Vom Rohling zum Diamanten, so lässt sich das Wirken Saturns zusammenfassen.

Und dennoch geht es dabei keineswegs ausschließlich um Härte, Ausdauer, Übung, Verzicht und unermüdliches Arbeiten an sich selbst. Der Weg zur Vollkommenheit führt unmittelbar am Fluss der Gnade entlang. Saturn ist kein kalter, gemeiner, fordernder Feind, dem gegenüber es sich zu wappnen und zu rüsten gilt. Er verlangt, nein, er verdient Ehrfurcht, Demut, Liebe.

♄ Das astrologische Symbol besteht aus einem Halbkreis, der dem Kreuz untergeordnet ist. Es drückt aus, dass das Seelische (Halbkreis) unter dem Materiellen (Kreuz) steht, ihm untergeordnet ist.

Auf den folgenden Seiten finden sich die zentralen Eigenschaften der Saturnposition in einem Horoskop. Bei der individuellen Anwendung ist einmal mehr zu berücksichtigen, dass diese Stellung stets auch durch Verbindungen mit den übrigen Gestirnen eine andere Färbung bekommen und im Einzelfall auch einmal stark von den hier genannten Deutungen abweichen kann.

Ihre exakte Saturnposition können Sie wieder über die Homepage des Autors herunterladen (www.bauer-astro.de).

Die Fische und ihre Saturnzeichen

Saturn im Zeichen Widder – Über die Kraft herrschen

Saturnstärken Ehrgeizig, machtvoll, führungsbegabt,
durchsetzungsstark, edel
Saturnschwächen Rechthaberisch, sarkastisch, bösartig,
bissig, gemein

Die Botschaft Saturns lautet: »In deinem Leben geht es darum,
deine Wildheit zu bändigen, deine Emotionen zu zügeln und deinen persönlichen Willen einem höheren Ziel, einer Idee mit allge-
meinem Wert unterzuordnen. Stell dir mich, Saturn, als ›Pferde-
flüsterer‹ und das Widderzeichen als ein wildes Pferd vor, aus dem
ein edles Ross werden soll, das dem Reiter seine feurige Energie
voll und gern zur Verfügung stellt.

Viele Menschen mit dem Saturn im Zeichen Widder tendieren
allerdings dazu, ihre Wildheit zu brechen, sie zu unterdrücken. Sie
verdrängen und vergessen sie und sind schließlich im Besitz eines,
um es salopp auszudrücken, alten Kleppers. Damit du nicht in
diesen Zustand gerätst, bedarf es großer Geduld und harter Arbeit
an dir selbst. Du musst die Auseinandersetzung mit dem Leben als
Läuterungsprozess begreifen und Kritik nicht als Verhinderung
oder Bösartigkeit des Schicksals, sondern als einen Wink Saturns
nehmen. Wichtig ist auch, dass du deine Emotionen, Wünsche
und Sehnsüchte hinterfragst und diesem Prozess der Katharsis
unterordnest.«

Saturn-Check

Wo muss man sich diesem Saturn beugen? Man muss sein Feuer
zähmen und sich in Geduld üben.
Welche Mittel und Methoden wendet Saturn an? Vollkommenheit
soll erreicht werden durch Verhinderung, Kritik und Strafe.
Worauf muss man achten? Nicht zu streng und rechthaberisch zu
werden.

Saturn im Zeichen Stier – Über die Lust herrschen

Saturnstärken Beharrlichkeit, Festigkeit, Standhaftigkeit, Sparsamkeit

Saturnschwächen Geiz, Gefühllosigkeit, Sturheit, Gier, Neid, Existenzangst

Die Botschaft Saturns lautet: »Du musst deine Lust und deine Gier kontrollieren. Denn du neigst dazu, dass du mehr und härter arbeitest, als dir guttut, dass du nervös und gestresst bist und schließlich arbeitsunfähig wirst. Überdies tendierst du dazu, dein Geld in Geschäften anzulegen, die du nicht übersiehst, und am Ende ergeht es dir wie ›Hans im Glück‹: Du besitzt gar nichts mehr. Du läufst also Gefahr, über deine Verhältnisse zu leben, und das von Kindesbeinen an.

Dramatische Auseinandersetzungen mit Eltern und anderen Erwachsenen sind die Folge, wobei in deinen Augen zunächst immer die anderen die ›bösen, versagenden und missgünstigen‹ Menschen sind. Aber es ist mein Einfluss, der dir das Leben schwermacht. Ich, Saturn, verlange Verzicht – und das gerade dort, wo du am meisten Spaß hast. Das ist ein harter, mühsamer, frustrierender Weg. Auf diese Weise entwickelst du jedoch eine besonders feine Sinnlichkeit, wirst zum Genießer der kleinen Dinge und der wirklichen Köstlichkeiten des Lebens.«

Saturn-Check

Wo muss man sich diesem Saturn beugen? Seiner Lust und seinen Wünschen nicht nachgeben, Vorsicht beim Streben nach materiellen Werten.

Welche Mittel und Methoden wendet Saturn an? Der Weg führt durch Leid, Schmerzen, Versagung und Verhinderung, unter Umständen auch durch Krankheit.

Worauf muss man achten? Sich nicht kasteien und sich und den anderen so die Lust am Leben nehmen.

Saturn im Zeichen Zwillinge –
Über die Leichtfertigkeit herrschen

Saturnstärken Klarheit, Überblick, das Wesentliche
erkennen, literarisches Geschick, geistige Wendigkeit
Saturnschwächen Die Wahrheit verdrehen, Unsicherheit,
Besserwisserei, Charakterschwäche

Die Botschaft Saturns lautet: »Deine Aufgabe ist es, dich im Leben
nicht zu verzetteln, die Wahrheit zu finden und nicht ihren Schein,
Wissen zu erwerben, das wirklich nützlich ist. Du gehst dein Lebtag lang in eine Schule, in der du lernst, stetig besser zu werden,
immer mehr Kenntnisse zu erwerben. Aber dieses ›Besser‹ und
dieses ›Mehr‹ sind nicht einfach quantitativ gemeint. Es geht um
einen großen Reifungsprozess.
Was ist der Grund, dich dermaßen streng zu disziplinieren? In
deiner Persönlichkeit findet sich ein unglaublich leichtfertiger
Anteil. Aus der Sicht des (Über-)Lebens heraus braucht es daher
eine andere, eben die saturnische Kraft, damit du dir nicht aus
dieser Gedankenlosigkeit heraus selbst schadest. In deiner Tiefen-
psyche herrscht also ein berechtigter Zweifel an deinen Kontroll-
funktionen. Das ist der Grund für die Strenge Saturns. Wenn du
mit mir, dem Zwillingesaturn, behutsam und richtig umgehst,
dann ›schleifst‹ du dich selbst, wirst nicht überheblich, sondern
orientierst dich an anderen und suchst dir Lehrer und Meister, die
dir helfen, vollkommener zu werden.
Worauf du noch achten musst: Mit dieser Saturnstellung neigt
man zu einsamen Entschlüssen. Sozusagen als Gegenreaktion auf
die Leichtfertigkeit wird man zum Dogmatiker und Besserwisser,
zu einem, der alles mit dem Kopf checkt. Eine solche Haltung entspricht nicht meinem Wunsch.«

Saturn-Check

Wo muss man sich diesem Saturn beugen? Lernen, Kritik kon-
struktiv zu nehmen. Man muss über sämtliche Konsequenzen seines Verhaltens Bescheid wissen.

Welche Mittel und Methoden wendet Saturn an? Mit Verhinderung, Misserfolg und Demütigung muss man rechnen.
Worauf muss man achten? Nicht dogmatisch und überheblich zu
werden. Auch vor allzu großer Strenge muss man sich hüten.

Saturn im Zeichen Krebs – Über die Gefühle herrschen

Saturnstärken Selbstbeherrschung, seine Gefühle im Griff haben,
zum Kern vordringen, Distanz, Wahrhaftigkeit, Zuverlässigkeit
Saturnschwächen Gefühlskälte, Rückzug, Misstrauen,
Pessimismus

Die Botschaft Saturns lautet: »Aus einem Wesen, das seinen In-
stinkten, seinem ›Bauch‹ folgt, soll ein Mensch werden, der sein
Leben nach Einsicht, Wahrheit und höherem Wissen steuert. Der
Weg ist überaus schwierig und schmerzlich. Saturn hat dir nämlich
Angst vor dem Glück und sogar vor der Liebe eingepflanzt. Als
wäre es für dich verboten, Zufriedenheit zu kosten, als müsstest du
immer wieder die Erfahrung machen, dass das Leben bitter ist.
Woher kommen diese Ängste? Deine Psyche ist geprägt von trau-
matischen Erfahrungen. Es kann sein, dass sie aus früheren Leben
stammen. Es ist aber genauso möglich, dass du mit bestimmten
existenziellen Erfahrungen deiner Ahnen verbunden bist. Jedenfalls lebt in dir die Angst fort, deine Gefühle könnten missbraucht
werden, so wie es schon einmal geschehen ist. Deswegen miss-
traue ich, Saturn im Zeichen Krebs, grundsätzlich allen Empfindungen. Es ist reiner Schutz. Du sollst über die Gefühle hinaus-
wachsen, unabhängig und frei von ihnen werden.
Aber du darfst mich auch nicht zum Alleinherrscher über dein
Leben erheben und grundsätzlich vor allen Regungen davonlau-
fen. Du sollst klüger, erfahrener ins Leben treten, damit dir nichts
Schlechtes widerfährt. Ziel deines Daseins ist es, deine Vergangenheit zu überwinden, nicht vor ihr zu kapitulieren. Stell dich
deinen Gefühlen! Du bist kein Kind mehr, das man verletzen
kann. Du bist eine erwachsene, starke Persönlichkeit!«

Saturn-Check

Wo muss man sich diesem Saturn beugen? Der Weg führt durch Leid, Schmerzen, Versagung und Verhinderung, unter Umständen auch durch Krankheit.

Welche Mittel und Methoden wendet Saturn an? Angst, Schmerzen, Versagung und Leid.

Worauf muss man achten? Das »Kind nicht mit dem Bad auszuschütten« sowie Gefühle zu missachten und zu unterdrücken.

Saturn im Zeichen Löwe – Über das Ego herrschen

Saturnstärken Selbstbeherrscht, erhaben, edel, vollendet
Saturnschwächen Arrogant, selbstherrlich

Die Botschaft Saturns lautet: »Du bist dafür bestimmt, das Höchste anzustreben – und musst doch immer wieder die Erfahrung machen, ganz unten zu sein. Durch mich, Saturn im Zeichen Löwe, werden Menschen geschmiedet, die Ruhm und Ehren erwerben, Meister und Führungspersönlichkeiten. Aber der Weg dorthin ist beschwerlich. Du wirst viel erdulden, durchmachen und verstehen müssen. Das Leben pendelt zwischen Macht und Ohnmacht, zwischen Stolz und Scham hin und her. Allmählich entwickelst du vielleicht Angst vor Macht, Verantwortung und Erfolg – und wirst doch davon auch regelrecht angezogen.

Diese Saturnposition kann mit der Zeit zu Unlust dem Leben gegenüber führen. Dagegen musst du dann selbst ›zu Felde ziehen‹. Zuvor aber brauchst du die Einsicht, was ich eigentlich bezwecken möchte. Bedenke, dass diese Stellung die Folge von Machtmissbrauch ist. Vielleicht hast du in einem früheren Leben versagt, die Verantwortung nicht übernommen. Vielleicht trägst du aber auch an einer Schuld der eigenen Ahnen.

Saturn im Zeichen Löwe ›erzieht‹ dich dazu, dein Wirken, dein Verhalten und Sein zu überdenken und hinsichtlich sämtlicher Konsequenzen zu verantworten. Dazu gehört im Besonderen das Verhalten als Vater bzw. Mutter den eigenen Kindern gegenüber.

Du musst die Verantwortung selbst dann übernehmen, wenn du nach gängiger Meinung davon freigesprochen wirst, wie zum Beispiel bei einer Krankheit oder einem Unfall.«

Saturn-Check
Wo muss man sich diesem Saturn beugen? Lernen, Verantwortung zu übernehmen.
Welche Mittel und Methoden wendet Saturn an? Man wird behindert, gedemütigt, kritisiert.
Worauf muss man achten? Nicht zu einem lust- und lebensfeindlichen Menschen zu werden.

Saturn im Zeichen Jungfrau – Über den Körper herrschen
Saturnstärken Treue, Anhänglichkeit, Arbeitseifer, Selbstkontrolle, Genügsamkeit
Saturnschwächen Ernst, Pedanterie, Kritiksucht

Die Botschaft Saturns lautet: »Bei dir trifft Kontrolle auf Kontrolle. Denn allein das Zeichen Jungfrau bedeutet, dass man seine Gefühle, seine Triebe, seinen Sex, seinen gesamten Körper im Griff hat. Wenn dann ich, Saturn, noch hinzukomme, verdoppelt sich die vorsichtige und kritische Einstellung. Bei dermaßen viel Skepsis muss in der Vergangenheit (in einem früheren Leben, in der eigenen Ahnenreihe) etwas geschehen sein, das große Angst hervorgerufen hat: Angst vor Sexualität und dem damit verbundenen Akt der Zeugung, Angst vor Schwangerschaft und Geburt. Saturn in der Jungfrau verweist auf ein ›Versagen‹ in diesem Bereich: Vielleicht musste eine Schwangerschaft abgebrochen werden, möglicherweise kam ein Kind tot zur Welt, oder beide, Mutter und Kind, starben.
Durch meine Position wird jetzt ein Riegel vor Sex und Zeugung geschoben, werden die Gefühle blockiert, die Lust verringert, wird versucht, aus dem ›Tiermenschen‹ mit seiner Abhängigkeit von Lust und Trieben einen Homo sapiens im wahrsten Sinne des

Wortes, einen ›weisen‹ Menschen zu machen. Ich, Saturn, verhindere also und wecke zugleich die Sehnsucht, das Körperhafte des Lebens zu transformieren, ein Wesen zu sein, dessen Energie nicht aus den Lenden, sondern aus dem Geist kommt. Das heißt beileibe nicht, dass du dich in ein Kloster zurückziehen sollst. Aber du musst dich mit diesem Thema auseinandersetzen. Das bleibt niemandem erspart, dessen Saturn im Zeichen Jungfrau steht.«

Saturn-Check
Wo muss man sich diesem Saturn beugen? Man muss seine Lust kontrollieren.
Welche Mittel und Methoden wendet Saturn an? Versagen, Enttäuschung, Krankheit, darauf muss man gefasst sein. Einsicht ist Bedingung.
Worauf muss man achten? Seine Lust nicht vollständig zu unterdrücken. Lustfeindlichkeit ist nicht das Ziel.

Saturn im Zeichen Waage – Über die Liebe herrschen
Saturnstärken Gerechtigkeitssinn, Ausgewogenheit, wahrhaftig lieben können
Saturnschwächen Disharmonie, Unzufriedenheit, Gefühlskälte, Einsamkeit

Die Botschaft Saturns lautet: »Meine Position bedeutet die Aufforderung, nach der ›richtigen, wahren‹ Liebe zu suchen. Ihr muss dein ganzes Sehnen und Streben gelten. Um sie zu finden, wirst du jede Menge Enttäuschungen zu verkraften haben. Denn was du für Liebe hältst – den Rausch der Sinne, überwältigende Gefühle, Herz und Schmerz –, hat vor mir, deinem Saturn, keinen Bestand. In meinen Augen heißt Liebe, dass sich das Ich und das Du, der eine und der andere, gleichwertig gegenübertreten. Niemand ist kleiner oder größer, gescheiter oder dümmer, wichtiger oder unbedeutender, reifer oder naiver. Das klingt einfach und ganz selbstverständlich, ist es aber nicht. Menschen haben von Natur aus das Bestreben, sich selbst zu verwirklichen, andere hingegen (und dazu zählen auch Partner) hintanzustellen. Darüber hinaus bestehe ich auf Zuverlässigkeit. Vor mir zählt noch das ›eherne‹ Gesetz ›… bis dass der Tod euch scheidet‹.

Es sind gravierende Dinge geschehen (in einem früheren Leben, in der Ahnenreihe), deshalb wache ich, Saturn, jetzt persönlich über die Liebe. Es kam zu unwürdigem Verhalten. Jemand wurde im Stich gelassen. Die Liebe wurde verraten. Herzen wurden gebrochen … Jetzt ›zahlst‹ du dafür. Aber es ist keine Rache oder Strafe. Ich, Saturn, mache mich stark, damit du derlei Fehlverhalten vermeidest. Ich bringe dich auf den Weg.«

Saturn-Check
Wo muss man sich diesem Saturn beugen? Man muss lernen, verbindlich zu sein.
Welche Mittel und Methoden wendet Saturn an? Falsche Liebe, Liebeskummer und Alleinsein drohen.
Worauf muss man achten? Die Liebe nicht restlos zu »vergessen«.

Saturn im Zeichen Skorpion – Über die Vergänglichkeit herrschen

Saturnstärken Tiefe, Zugehörigkeit, Willenskraft, Verbundenheit mit den Ahnen
Saturnschwächen Engstirnigkeit, Fanatismus

Die Botschaft Saturns lautet: »Meine Position verweist auf tragische, leidvolle Erfahrungen. Könntest du dein Leben bzw. das deiner Familie rückwärts abspulen, würden rasch Szenen auftauchen, in denen jemand auf der Flucht, vertrieben, ohne Heimat, ohne Zugehörigkeit ist. Diese Themen beherrschen deine Ahnenreihe weit über deine Großeltern hinaus. Man hat keine richtigen Wurzeln, kein Erbe, das man übernehmen, keine Fußstapfen, in die man treten kann. Wenn man zurückschaut, finden sich Leben ohne Glanz, ohne Würde, ohne Höhepunkt. Daher dränge ich,

Saturn, dich mit aller Macht dazu, deinem Leben einen Wert zu verleihen. Denn das Gefühl, dass die eigenen Ahnen ein würdeloses Dasein fristen mussten, formt sich in den Seelen der Nachkommen zu einem großen, mächtigen Anspruch, es besser zu machen, den Gipfel zu ersteigen.

Ich, Saturn im Zeichen Skorpion, veranlasse dich, die dünnen Fäden aus deiner Vergangenheit aufzuspüren und im Laufe deines Lebens ein Netz daraus zu knüpfen – um so wieder einen Halt zu finden. In der Weise, wie du dich umdrehst und vor der Vergangenheit verneigst, bekommst du eine Verbindung zu deinen Vorfahren sowie zur eigenen Vergangenheit und erhältst Kraft und Wissen. Das ist der ›Dank der Ahnen‹. Wenn du dich ihrer annimmst, erfährst du ihren Schutz und bist nie mehr allein im Leben. Hinter dir steht die Kraft der Vergangenheit.«

Saturn-Check
Wo muss man sich diesem Saturn beugen? Sich vor der Vergangenheit verbeugen.
Welche Mittel und Methoden wendet Saturn an? Man muss hohe Ansprüche an sich selbst und sein Leben stellen.
Worauf muss man achten? Nicht in der Vergangenheit zu »ertrinken«, Gegenwart und Zukunft nicht aus den Augen zu verlieren.

Saturn im Zeichen Schütze – Über Wahrheit und Wissen herrschen

Saturnstärken Pioniergeist, Mut, Weisheit, Stärke, Wahrhaftigkeit
Saturnschwächen Dünkel, Zynismus, Grausamkeit

Die Botschaft Saturns lautet: »Dein Leben ist eine Reise zu dir selbst. Du musst dir deinen eigenen Weg suchen! Lass dich nicht von anderen beeinflussen. Hör nur auf dich! Diese starke Hinwendung zu dir selbst ist verbunden mit einer Abkehr von deinem Umfeld und beruht auf einer Reihe großer Enttäuschungen in der

Vergangenheit (der eigenen bzw. der Ahnen), bei denen der Glauben an andere Menschen verlorengegangen ist: Vielleicht hat ein Arzt versagt, es ist ihm ein Fehler unterlaufen, oder er hat sich zu wenig Mühe gegeben. Vielleicht wurdest du oder jemand aus deiner Familie in seinem Glauben zutiefst erschüttert, weil ›Gott‹ ein schreckliches Geschehen zuließ, einem nicht beistand. Es gehört auch zur Vergangenheit von Menschen mit dieser Saturnposition, dass sie – um zu überleben – ihrem Glauben abschwören mussten. Jedenfalls bestand am Anfang eine große Hoffnung, die schließlich in eine große Enttäuschung mündete.

Mit mir, Saturn im Zeichen Schütze, hast du einen Vertrauten an deiner Seite, einen, der hilft, derartige Enttäuschungen zu vermeiden. Mit mir bist du von vornherein skeptisch. Du kommst bereits mit Misstrauen auf die Welt, und im Laufe der Jahre gewöhnst du dich immer stärker daran, alles in Frage zu stellen. Du wirst ein Mensch, der zwischen Illusion und Wahrheit genau unterscheiden kann. Du wirst weise.«

Saturn-Check

Wo muss man sich diesem Saturn beugen? Er verlangt Selbstvertrauen.

Welche Mittel und Methoden wendet Saturn an? Er führt einen durch Enttäuschungen, Fehlschläge und Irrwege.

Worauf muss man achten? Kein grundsätzliches Misstrauen zu entwickeln, nicht gänzlich an der Welt zu verzweifeln.

Saturn im Zeichen Steinbock – Über sich und andere herrschen

Saturnstärken Klarheit, Standhaftigkeit, Verantwortlichkeit, Führungskompetenz, Selbstbeherrschung
Saturnschwächen Kälte, Rücksichtslosigkeit, Einsamkeit

Die Botschaft Saturns lautet: »Du besitzt einen besonders mächtigen Saturn. Das kommt daher, dass ich der regierende Planet des Tierkreiszeichens Steinbock bin. Ich bin hier zu Hause und kann mich gut entfalten. Meine Kraft verdoppelt sich im Steinbockzeichen. Auf der einen Seite führt dies dazu, dass du kontinuierlich an einer Lebensaufgabe arbeitest. Sie lautet: Du sollst etwas Großes vollbringen!

Auf der anderen Seite führt diese doppelte Saturnkontrolle dazu, sich selbst und vor allem seinen Gefühlen zu misstrauen.

Dies hat seine Wurzeln in der Vergangenheit (in einem früheren Leben, im Leben der Ahnen), in der du bzw. deine Vorfahren ausgenutzt, manipuliert oder sogar missbraucht wurden. Zu denken ist auch an eine Verführung oder einen gewalttätigen Missbrauch von Kindern, wohl die verwerflichste Untat. Irgendetwas in dieser Art muss Ursache dafür sein, dass du dir heute selbst nicht mehr vertraust. Für dich sind Menschen gefährlich, unberechenbar, zu allem fähig.

In der Weise, wie du älter wirst und erfährst, dass das Leben, du und die anderen berechenbar sind, wirst du neues Vertrauen schöpfen. Du wirst neue Gefühle entdecken, solche, die weniger aus dem Bauch, sondern aus dem Herzen kommen. Du wirst lieben, mit anderen Menschen zusammen sein, aber auch allein sein können. Du wirst unabhängig, selbständig, und dein Leben wird getragen von Stimmigkeit und Zufriedenheit. Jetzt obliegt dir auch, andere zu führen. Denn du wirst sie nicht ›verkrüppeln‹ und ›züchtigen‹, sondern zu Weisheit und Liebe führen.«

Saturn-Check
Wo muss man sich diesem Saturn beugen? Man muss lernen, Herr seiner selbst zu sein.
Welche Mittel und Methoden wendet Saturn an? Angst, Vorsicht, Enttäuschung.
Worauf muss man achten? Kein Einsiedler und kein Menschenfeind zu werden.

Saturn im Zeichen Wassermann – Über das Chaos herrschen

Saturnstärken Individualität, Erfindungsgabe, Menschlichkeit
Saturnschwächen Chaotisch, verwirrt und verrückt sein, Hochstapelei

Die Botschaft Saturns lautet: »Du suchst etwas besonders Wertvolles im Leben, nämlich Individualität. Einzigartigkeit ist kostbar. Zwar sagt man leicht dahin, jemand sei ein Individuum. Aber das ist hier nicht im formellen Sinne gemeint. Ein wirkliches Individuum besitzt einen eigenen Charakter, etwas Besonderes und Einmaliges. Dadurch unterscheidet sich der Einzelne von allen anderen Menschen, vergleichbar einem als Solitär dastehenden Baum in einer Landschaft. Dieser Wunsch nach Einmaligkeit ist uralt. Du trägst ihn schon lange mit dir herum (viele Leben, durch Generationen hindurch). Du bist aus der Gesellschaft ausgebrochen, hast deine Familie verlassen – immer auf der Suche nach Freiheit, nach Individualität. Du hast Menschen mit anderem Glauben, aus anderen Ländern und aus anderen sozialen Schichten geliebt. Kinder kamen, noch bevor ein längeres Zusammenleben überhaupt zur Diskussion stand. Du selbst entstammst letztlich einer derartigen ›Augenblicksverbindung‹. Du verdankst dein Dasein einem sogenannten Zufall, einer Laune des Schicksals sowie der Spontaneität und Freiheit deiner Vergangenheit.
Aber du warst auch blind und unwissend und erlebtest daher grandiose Irrungen und Verwirrungen. Du erlittest die große

Angst vor dem Chaos, vor einem Sein ohne Ordnung und Sicherheit. Du wurdest ausgestoßen und verbannt, verjagt und geächtet. – Jetzt begleitet dich Saturn. Mit mir wirst du dein freies Leben fortführen und dich dabei immer sicherer am Chaos vorbeimanövrieren.«

Saturn-Check
Wo muss man sich diesem Saturn beugen? Man muss lernen, seine Individualität zu leben, ohne im Chaos unterzugehen.
Welche Mittel und Methoden wendet Saturn an? Reinfall, Bruchlandung und Fehlentscheidung.
Worauf muss man achten? Dass man den Kontakt zu anderen Menschen nicht verliert.

Saturn im Zeichen Fische – Sein Mitgefühl beherrschen
Saturnstärken Toleranz, Opferbereitschaft, Weitblick, Visionen
Saturnschwächen Ich-Schwäche, Isolation, Selbstzweifel

Die Botschaft Saturns lautet: »Wie im Märchen wird dir aufgetragen, dich auf eine Reise zu begeben. Wohin? Vielleicht zum Ende des goldenen Regenbogens. Ans Ende der Welt. Oder nirgendwohin. Mit mir, Saturn im Zeichen Fische, ist dir ein Geheimnis in die Wiege gelegt. Aber mehr weiß man nicht. Das Geheimnis hat damit zu tun, dass in deiner Vergangenheit (in einem früheren Leben, in deiner Ahnenreihe) jemand verschwiegen wurde: ein Kind, eine andere Frau, der richtige Vater … Dieses verleugnete, verheimlichte Leben fehlt jetzt deiner Seele, und sie sucht danach, ohne dass du es selbst bewusst wahrnimmst.
Dir ist infolgedessen ein besonderes ›Organ‹ für Unrecht und Lüge gegeben. Wo immer in dieser Welt Unrecht geschieht, leidest du mit. Jedes Leid ziehst du regelrecht an. Aber das hat auch fatale Folgen für die Liebe. Du neigst dazu, dir einen Partner zu suchen, der ganz besonders der Zuwendung bedarf, weil er unglücklich ist. Dann kannst du ihm – so meinst du zumindest – all das ange-

deihen lassen, was in der Vergangenheit nicht geschehen ist: grenzenlose Liebe. Du nimmst ihn an. Du bist für ihn da. Du verstößt ihn nicht.

Aber das ist der falsche Weg. Du musst mit der Vergangenheit fertig werden und sie nicht ständig vor dir hertragen. So wiederholst du nur dein Karma. Du brauchst nicht aufzuhören, andere zu lieben. Aber du darfst das rechte Maß nicht aus den Augen verlieren.«

Saturn-Check

Wo muss man sich diesem Saturn beugen? Man muss sich mit seiner Vergangenheit auseinandersetzen.

Welche Mittel und Methoden wendet Saturn an? Desillusionierung und Enttäuschung.

Worauf muss man achten? Die Vergangenheit nicht endlos zu wiederholen.

Zum Schluss

Seit nunmehr über dreißig Jahren beschäftige ich mich mit Astrologie. In dieser Zeit entstanden über sechzig Bücher zu diesem Thema. In zahlreichen Journalen und Zeitungen finden sich regelmäßig wöchentliche, teilweise sogar tägliche astrologische Beiträge von mir. In Einzelsitzungen, Seminaren, Aus- oder Weiterbildungen bin ich in meiner Tätigkeit als Astrologe einigen tausend Menschen begegnet.

Bei der ausgiebigen und intensiven Beschäftigung mit der Astrologie war mir immer daran gelegen, mich diesem geheimnisvollen »Kult« auf verschiedenen Ebenen zu nähern: auf einer leichten, unterhaltsamen in manchen journalistischen Beiträgen und auf einer ernsthaften, in die Tiefe führenden in meinen Büchern. Die populäre, eher spielerische Variante, wie sie Zeitungen oder Zeitschriften präsentieren, rückt die astrologischen Gegebenheiten ins Bewusstsein der Leser, macht neugierig und bewegt den einen oder anderen dazu, sich näher damit zu befassen. Die Astrologie scheint ohnehin eine ausgesprochen volkstümliche Komponente zu haben. Ich bin immer wieder erstaunt, dass eigentlich jeder, egal, ob er sich mit ihr beschäftigt hat oder nicht, gleich mitreden kann. Er »weiß« etwas über den Widder, den Stier, den Zwilling oder die Jungfrau. Ich bin überzeugt, dass es diese Nähe zum Alltag und Normalen ist, die die Astrologie letztendlich unverwüstlich gemacht hat.

Ich habe Psychologie studiert und war zehn Jahre lang als Psychotherapeut aktiv. Mein Wechsel zur Astrologie geschah langsam und voller Skepsis. Wie jeder denkende Mensch ist auch mir ein Zusammenspiel von kosmischen Bewegungen und menschlichem Sein nahezu unvorstellbar. Aber ich wurde immer wieder eines Besseren belehrt: Es existieren Parallelen respektive Analogien zwischen »oben« und »unten«. Doch diese Verbindung ist nicht fest oder mechanisch. Es gibt Widersprüche, Ausnahmen, Irrungen und Verwirrungen. Jeder, der sich tiefer mit der Astrologie beschäftigt, betritt früher oder später einen Raum, der voller Wunder, aber auch voller Rätsel ist. Aus einem Horoskop lassen sich unglaubliche Schlussfolgerungen ziehen, die zum Beispiel einem Psychologen – wenn überhaupt – erst nach langen Explorationen zugänglich werden. Ein Horoskop beleuchtet das Wesen eines Menschen, offenbart seine Herkunft, seine Stellung in der Welt und seine Zukunft. Dennoch steht man auch immer wieder vor Abweichungen und Ausnahmen.

»Astra inclinant, non necessitant«, zu Deutsch: »Die Sterne machen geneigt, doch sie zwingen nicht.« Dieses berühmte und beflügelnde Zitat, das Thomas von Aquin (1225–1274) zugeschrieben wird, hat mich immer bei meiner Arbeit begleitet. Heute würde ich es sogar folgendermaßen umformulieren: »Die Sterne lösen Rätsel und decken Geheimnisse auf. Aber sie schaffen auch viele neue …«